結果を出すリーダーほど動かない

部下が期待どおりに動く 壁マネジメント 術

山北陽平
(株)アタックス・セールス・
アソシエイツ コンサルタント

フォレスト出版

「壁マネジメント」実践者の声

1年で従業員数3倍に成長

――T・Hさん（テレマーケティング業／30代／取締役）

壁マネジメントの活用で、新しい社員の教育スピードが大幅に改善し、短期間で成果を上げることができるようになりました。

「残業削減」を実現

――M・Mさん（航空機器製造メーカー／50代／研究開発職リーダー）

業務内容上、長時間残業と休日出勤が当たり前で、全員が業務改善をあきらめていましたが、壁マネジメント活用で、土日に休めるようになりました。

年上の部下が協力してくれるように

――H・Rさん（食品メーカー／30代／営業課長）

今まで文句と言い訳ばかりで指示どおりに動かなかった年上の部下3名が、壁マネジメントの個別フィードバックで、100％行動するようになりました。

部署や業務に関係なく通用

――J・Tさん（産業資材メーカー／60代／代表取締役社長）

壁マネジメント研修に行かせると、営業でも製造でも、マネージャーが必ず期間中に組織内で何か成果をつくり出してくれます。

部下から感謝される
ようになった

――T・Mさん（機械メーカー／40代／営業課長）

壁マネジメントの「介入」を続けることで、部下から「課長からたくさん教えてもらえるのを望んでいました」という声をもらえるようになりました。

「褒める」「叱る」の
正しい使い分けができる

――K・Gさん（小売店／30代／店長）

退職率を気にしてスタッフに指導できていなかったが、壁マネのフィードバック手法で指導ができるようになった結果、店全体の行動が変わった。

若手が次々に戦力化し、
売り上げアップ

――E・Mさん（印刷会社／40代／営業部長）

今どきの若手に対する教育をどうすればいいかわからなかったが、壁マネを活用することで、行動が変わり、ベテラン以上の成果を上げるようになった。

自分の采配に
自信を持てるようになった

――H・Wさん（エネルギー小売業／60代／代表取締役社長）

新しいプロジェクトに抵抗して、なかなかついてこなかった部下たちが、壁マネのノウハウで動くようになり、自分のマネジメントの自信につながりました。

「壁マネジメント」実践者の声

30店舗中最下位から第1位に躍進

――H・Mさん（携帯ショップ／30代／店長）

店舗評価県内最下位の状態で店長に就任。壁マネでイチから店舗改革に取り組んだ結果、半年後に10位、1年後には3位、1年半後には第1位になった！

自分の取り組みが会社全体の取り組みに

――T・Dさん（運送業／40代／センター長）

安全管理の取り組みとして壁マネを導入。定着しなかった指さし確認を短期間で実現。安全のモデル拠点として全社のマネジャーが見学するようになった。

女性管理職で初めて部長昇進

――H・Yさん（IT企業／30代／課長）

部下全員が男性社員という状況で、部下に行動させることができなかったが、壁マネの実践で2年連続過去最高益更新。社内初の女性部長に昇進できた。

部下が自ら「報連相」をするように

――T・Eさん（派遣会社／40代／営業課長）

壁マネの介入を繰り返しているうちに、自ら「報連相」する回数が格段に増え、こちらも、部下の状況に対して的確な指示が出せるようになりました。

「変化を受け入れる」文化が、社内に定着

——H・Sさん（保険代理店／50代／取締役）
事なかれ主義、目標未達でも何とも思わない文化が蔓延し、長年変化できなかった組織が、壁マネの実施で、変化し続けることが当たり前の組織へ変化した。

組織内でPDCAが回るようになった

——T・Uさん（サービス業／30代／所長）
報告だけ繰り返されていた会議が壁マネの導入で一新。全員が各メンバーの次の行動のアイデアを出すことで、精度の高い改善が繰り返されるようになりました。

全員が同じ方向を目指して動ける組織に

——R・Aさん（機械商社／40代／専務取締役）
社内のそれぞれが個人商店のように動いていた状態が、壁マネを導入して全体で運用することで、皆が同じ方向を目指して動けるようになりました。

コミットした行動をやりきる組織に変化

——Y・Sさん（医療機器メーカー／30代／検査班リーダー）
決めた取り組みをそのとおりに実行できない状況が長年繰り返されてきたが、壁マネの導入で、決めたことに対して完全にやりきることができるように。

はじめに

せっかくのマネジメントが無駄になっていないか?

世の中には、リーダーシップやマネジメントをテーマにしたすばらしいメソッドや書籍が多く存在します。すでにそれでうまくいっているなら、本書を閉じて、ぜひそれを引き続き実施してください。

ただ、もしあなたのチームや組織の部下が次のような状態だったら、ぜひ本書をひきつづきお読みください。

◎指示をしても、行動が変わらない。
◎ルールを決めても守らない。
◎自分で考えない。
◎何度言っても、同じ間違いを繰り返す。
◎言われたことしかやらない。
◎決めたことが続けられない。
◎できない言い訳を繰り返す。

これらのうち1つでも当てはまるなら、あなたのせっかくのマネジメントが無駄になっている可能性があります。

これらの状態には、ある共通する課題があります。

それは、**「部下の『行動』を変えなければいけない」**というものです。

「当たり前じゃないか」と思うかもしれませんが、これができなくて、私のもとには、全国各地からリーダーや経営者が多く来られます。

当たり前ですが、部下は物心がついた子どもではなく、立派な大人です。

「物事の良し悪しがわかっている」

「自分たちが給料をもらうために、会社に利益を出していくために、何をしなければならないか」

がわかっている〝はず〟の大人です。

場合によっては、すでに自分より社会人経験の長い、年上の部下かもしれません。

そうなのです。

大人相手だからこそ、どのようにマネジメントすればいいのか、そのマネジメントを結果にどのようにつなげればいいのかに、とても大きな悩みが発生するのです。

現場指導と「NLP理論」「行動分析学」に基づいて体系化したマネジメント術

ここでズバリお伝えしたいことがあります。

部下の「行動」は、リーダーのマネジメントの結果である――。

部下が思いどおりに動かないのは、部下の性格や能力のせいではありません。リーダーが、部下の「行動」を変えるメソッドを持っていないからです。

本書では、**部下の「行動」を変えるためのマネジメント・メソッド「壁マネジメント」**を徹底的にお伝えしていきます。

もちろん、マネジメント術ですから、そのメソッドを実施するのは、部下ではなく、リーダー（マネージャー）であるあなたです。

本書を読むことで、**結果を出すリーダーが、いかにして動かない「壁」となり、部下に必要な行動をやりきらせているか**を知ることができます。また、**自分の組織で実際に使えるようノウハウを体系化して紹介**しています。

私は、誰もが知っている大企業から創業間もない中小企業の経営者やマネージャーから支援を依頼されるコンサルタントです。

現在は年間２００回以上、累計３０００人以上のビジネスパーソンに対して、行動変革のための研修と現場指導を全国で展開しており、５年先までのスケジュールが埋まっている状況です。

そんな**現場指導と「NLP理論」「行動分析学」から見いだし、体系化**したのが「壁マネジメント」です。

業種もリーダーの性格も、関係なし！再現性と継続性が高いメソッド

「壁マネジメント」は、この本の巻頭ページに掲載した「実践者の声」のような効果と結果が出ているメソッドです。たとえば、

◎なかなか進まなかった「残業削減」を実現。
◎年上の部下が、こちらの指示どおりに動くようになった。
◎部下が自ら「報連相」をするようになった。
◎「変化を受け入れる」文化が社内に定着した。

◎コミットした行動をやりきる組織に変化した。

などなど。

その**再現性と継続性の高さから、弊社の研修プログラムの中で一番人気のプログラム**になっています。

本書では、その重要エッセンスとノウハウを徹底的に解説していきます。

第1章「なぜあなたの部下は動かないのか?」では、部下がマネージャーの指示どおりに動かない原因に言及しながら、どのようなマネジメントが有効かを提示します。

第2章では、「壁マネジメント」の基本と重要エッセンスを解説します。

第3章では、「壁マネジメント」の具体的な実践方法についてお伝えします。

第4章では、「壁マネジメント」を結果と継続につなげるためのPDCAの回し方について詳しく解説していきます。

第5章では、「壁マネジメント」を強化し、成果につなげるための「スコアリング手法」について、具体的な事例を交えながらお伝えします。

第6章では、「壁マネジメント」でつくり上げたチーム・組織を、どのように人に移管していくか、継続させていくかの具体的な方法を解説します。

第7章では、「壁マネジメント」を活用した成功事例を取り上げながら、業態・業種に通用する重要エッセンスを提示します。

「壁マネジメント」は、**業態・業種はもちろん、社員の個別能力、リーダー（マネージャー）の性格などを問わず、誰でもマスターでき、実践者の9割が結果につながっているメソッド**です。

本書が、あなたのマネジメントの手助けになり、結果につなげるためにお役に立てたら、著者としてこんなにうれしいことはありません。

2017年9月

山北陽平

結果を出すリーダーほど動かない◎目次

はじめに 005

第1章 なぜあなたの部下は動かないのか？

カンタンな書類を期限どおりに出さない部下たち 022
部下が指示どおりに動かない2つの理由 023
「動かない」2つの理由の共通点 027
部下が動かない上司の問題点 028
九九の暗唱とリーダーシップの関係 031
今と別の行動でしか、今の問題は解決しない 034
「成果の出る望ましい行動」にする4つのステップ 036
実践者9割が結果を出すマネジメント術 038
「厳しい指導」は、即効性があっても、長続きしない 041

レコーディングエンジニアからのヒント 043
途中経過の行動チェックの重要性 045
業種・マネージャーの性格を問わず、再現・通用するメソッドを完全体系化 048

第2章

チームの行動を変える「壁マネジメント」

成果をつくり出すには、「行動」を変えるしかない 052
「壁マネジメント」の全貌 057
部下の行動を変えられない4つの失敗マネジメント 059
指示だけしかしない「指示だけマネージャー」——マネジメントの失敗例① 060
「望ましくない行動」が漏れているマネジメント——マネジメントの失敗例② 063
部下の反発で、壁を押し出されてしまうマネジメント——マネジメントの失敗例③ 067
間違った場所に壁をつくっているマネジメント——マネジメントの失敗例④ 072
「壁マネジメント」を運用する3つの型 077

第3章

結果を出す「壁マネジメント」の実践

部下を思いどおりに動かすために、新しい「行動ルール」を設定をする 082
間違いだらけの「行動ルール」の設定 083
正しい「行動ルール」設定のポイント 084
成果を出すための「行動ルール」を4つに分解する 088
なぜ人は、新しい行動をなかなか受け入れないのか？ 099
部下の「現状維持バイアス」を外す方法 102
部下の「現状維持バイアス」を外し、大きな成果を上げた事例 107
「現状維持バイアス」がつくる言い訳の対応法 110
上司の徹底的な壁マネジメント 113
「現状維持バイアス」を外した成果 115
指導される側は、どんなに意味を説明されても、納得して実行することはない 118
ルールを守らせる「介入ルール」は、マネージャーのルール 121
「介入方法」の3種類 122

行動分析学から見いだした、部下の行動を変える「フィードバック方法」 128
「壁マネジメント」で使う行動分析学6つのキーワード 130
行動分析学的視点からの「4つの行動変化」パターン 132
ルールを形骸化させず、継続させるための重要ポイント 134
「ライザップ」と「壁マネジメント」の共通点 137
ダイエットとビジネスの違い 142
「絵に描いた餅」だった経営計画を動かす方法──「壁マネジメント」の応用① 144
「壁マネジメント」を人事制度に導入する方法──「壁マネジメント」の応用② 147
マネージャーの人事評価を的確にするメソッド 150

第4章
成果につなげる「壁マネジメント」PDCA

「壁マネジメント」を自分のものにする技術 154
決めた「行動ルール」ができていない場合の改善法①──「時間」の確保・調整 156

決めた「行動ルール」ができていない場合の改善法②
——タイプ別フィードバック変更 157
行動ルールはやりきっているが、目標を達成していない場合の改善法
——成果に合わせて行動を変え続ける 162
「行動ルール」を改善するときの3つの方法 164
うまくいかないことのPDCAを自分では回せないワケ 169
中間成果が出ているが、最終成果につながっていない場合の改善法
——成果から逆算した3つの改善手順 171
「壁マネジメント」PDCAを回すペース 174

第5章

「壁マネジメント」のスコアリング手法

感覚でマネジメントする落とし穴 178
マネジメントの状態を「見える化」する 179
スコアリングシートで読み取れること 180

個別に向き合い、成果につながる重要ツール 182
スコアリング設計するときのルール 185
スコアリングの失敗例 187
「壁マネジメント」のスコアリング設計は、業種業態で異なる 190
営業の顧客アプローチ行動のスコアリング――スコアリング事例① 191
工場の機械停止時間改善ルールのスコアリング――スコアリング事例② 194
タスク管理のスコアリング――スコアリング事例③ 198

第6章

「壁マネジメント」を他人に任せる方法

優秀なマネージャーの交代 204
優秀なリーダーが異動後に、ダメになる組織、パフォーマンスが維持される組織 205
優秀なマネージャーがやっている引き継ぎ方法 206
マネジメントは「経験の科学」 209
特定の人にカスタマイズして移管する――壁マネジメントを移管する方法① 210

丸投げは絶対禁止！　後任の壁マネージャーの介入結果に介入する　213
「介入の介入」でうまくマネジメント移管ができた小売店　216
介入とスコアリングは複数メンバーで当番制、フィードバックはマネージャー　218
——壁マネジメントを移管する方法②
壁マネジメント一部移管で、成果を出した製造工場　221
壁マネジメントを移管することのメリット　222
壁マネジメントを強化する「報連相ルール」　224
報連相をルールにするときの注意点　228
報連相のルールを運用して、行動ルールを徹底させた会社　230

第7章

成功事例に学ぶ「壁マネジメント」

毎月100時間残業していた部下8名の残業がゼロに　236
——「壁マネジメント」活用成功事例①

広告代理店営業組織の新規開拓プロジェクトが成功
——「壁マネジメント」活用成功事例② 241
学生の英語習得を短期間で実現——「壁マネジメント」活用成功事例③ 244
工場の生産性が大きく向上——「壁マネジメント」活用成功事例④ 249
新入社員の教育に壁マネジメントを取り入れ、退職率ゼロを実現
——「壁マネジメント」活用成功事例⑤ 253
スタッフの行動を変え、店舗の売り上げを拡大——「壁マネジメント」活用成功事例⑥ 256

装幀◎河南祐介（FANTAGRAPH）
本文・図版デザイン◎二神さやか
ＤＴＰ◎株式会社キャップス

第1章

なぜあなたの部下は動かないのか？

カンタンな書類を期限どおりに出さない部下たち

突然ですが、1つ想像してみてください。

「総務部から指示されたアンケートを金曜日までに提出してください」

とあなたの組織のメンバーに依頼します。

そのとき、組織のメンバーは期限を守り、全員提出できるでしょうか？

「うちのメンバーは間違いなく全員提出できる」

と答えられるあなた。そして、あなたの組織はとてもすばらしいです。

でも、実際はなかなかそうはならないと思います。

提出する部下もいれば、提出しない部下もいる。言われて、ようやく動き出す部下も、3回ぐらい催促して、ようやく提出する部下も、あるいは、期限内に出したはいいものの、まったく規定どおりに記入しておらず、再提出になる部下もいるかもしれません。

このような残念な部下に手を焼いているという人は少なくないでしょう。

結局、あなたが何度も催促してようやく全員分が集まるころには、提出期限を超えてしまい、総務部から嫌味を言われるようなことになる……。

私たちは大人です。給料をもらって働いています。

ですから、それぐらいやって当たり前だと誰もが思うでしょう。

しかし、実際には**少し時間をとればできることであっても、動かない部下**がいます。

だからと言って、仕事もせずにサボっているわけではありません。会社に来てもまるで死んでいるかのように何も動かないというわけではないはずです。

部下たちには他にもやることがあり、それぞれ仕事に取り組んでいるのです。

しかし、あなたの指示したことに対しては、正しく行動しないという状態です。

部下が指示どおりに動かない2つの理由

ではなぜ、部下が指示したとおりに動かないのか？

その理由は、主に2つあります。

①部下たちに動かなくてもいい環境が与えられている

1つは、上司が部下に動かなくてもいい環境を与えているからです。

「それはどういうことだ？」と思われるかもしれません。

1週間と期限の決められたフォームを指示しているにもかかわらず、なぜ動かなくてもいい環境と言えるのか？

答えは、**部下の過去の経験に基づいています。**

おそらく、指示したことに対して部下全員が期限を守らないというわけではないでしょう。

正しく提出する人は、たいてい同じ人というケースが多いのです。逆に提出しない人や、いつも正しく記載しない人も固定していると思われます。

当然、期限を守らず正しく記載していない人に対して注意と催促をしているはずですが、いつも変わらず、期限を超えてから動き出すという行動を繰り返している場合がほとんどです。

何度言っても正しく動かないわけですから、期限までに提出していないメンバーの思考が理解できないという人もいるかもしれません。

そして、多くのリーダーが「部下の性格がその要因だ」と考えてあきらめてしまいがちです。

しかし、ここで断言します。

問題は、部下の性格ではありません。

期限を守れないのは、**過去において同じような指示を出された際に、その期限までに動かなくても大丈夫だったという体験が繰り返されている**からなのです。

「言われてから動けばいい」という体験を繰り返した部下は、いくら期限を伝えてもその指示は認識しなくなります。

その結果、指示に対して正しく動く部下は固定され、動かない人もまた固定されてしまうのです。

②部下が「自分の判断基準で動いていい」という認識を持っている

もう１つの理由として、上司の指示に対して部下が「自分の判断基準で動いていい」という認識を持っているケースがあります。

私たちは、仕事をしていると、さまざまなタスクを同時に抱えています。そのため、与えられた時間の中で優先順位を決めて仕事を進めています。チームで仕事をしていると言っても、仕事の多くは個人の仕事にブレイクダウンされているため、その人の判断基準で簡単にその順序を変えてしまうことができます。

さらに、我々人間は感情によっても、その優先基準を変えてしまいます。「めんどうだから」「今は気分が乗らないから」といった理由で、そのときにやるべきではないことを簡単に優先してしまいます。

「何を優先すべきか？」に対して、正しく提出することができる部下は、あなたの出した指示を優先しなければならないという判断基準を持っています。

しかし、期限どおりに提出しない部下は、あなたの指示を優先せず、自分の判断基準で行動してもいいという認識を持っているため、あなたの指示どおりに動かない可能性があります。

その認識が定着する過程には、**上司に指示されても、自分の判断基準を優先しても大丈夫だった経験**があります。

その経験の繰り返しによって、自分の判断でそのときの行動を優先するパターンが定着してしまいます。

そうすると、必要なことであったとしても、部下は自己都合を優先してしまうため、指示どおり動かなくなってしまうのです。

「動かない」2つの理由の共通点

コンサルティングを依頼される多くの現場で、指示に対して動かない組織を改善してきましたが、その多くが部下が動かない2つの理由によって構成されています。

2つの理由に共通することがあります。

それは、**「上司の普段のかかわり方」**です。

部下が動かない理由は、上司が動かなくてもいい体験を部下にさせ続けてきたことにあります。

部下は決して性格が悪いわけでもなく、能力が低いわけでもありません。むしろ、**上司に動かなくてもいいというトレーニングをされてきた**のです。

本来優秀な能力を持ちながら、動くことができない残念な部下をつくり出したのは、上司自身なのです。

思い当たる節がある方は、決して悲観しないでください。

この本を読み進めることで、今まで動かないと思っていた部下を動かすことができるようになります。実際に多くのリーダーが私のメソッドで部下を正しく動かすことができるようになっています。

部下が動かない上司の問題点

ここまでお伝えしたとおり、部下が動かない理由は、

「動かなくてもいい体験の積み重ね」

「自分の判断で動いた体験の積み重ね」

にあります。

そして、そのような部下をつくり出してしまっている上司に共通していることがあります。

それは、**「部下に対して、指示しかしていないマネージャー」**の存在です。

ちゃんと指示しているのであれば、それがなぜ問題なのかがわからないという人もいるかもしれません。

会社からのミッションや組織内の方針、ルールなど、やるべきことに対して部下に指示する。

「指示をして何が悪いのか？」と疑問に思うのは当然です。

しかし、私は断言します。

指示しかしないマネージャーのもとでは、部下の行動は変わりません。

指示だけしかしないマネージャーは、指示した後、その行動ができるようになるまでの管理、サポート、教育をしていません。

その代わりに、次のような言葉を使って、部下を批判します。

「言われたらやるのが当たり前」

「それぐらいできて当然」

「意識が低い」

「性格が悪い」
「だらしない」

というような言葉を使います。そして、**指示どおりの行動ができていないことについては放置している**のです。

このような言葉を使う上司の価値観は、言われたことに対して実行することが当たり前で、できないことを問題としてとらえています。

それは間違っているとは思いません。

しかし、本来できるはずの行動を、部下の性格や能力を理由にして、その結果、指示に対して行動しなくても放置していると、部下の行動は変わらないばかりか、上司の指示に対して行動しなくていい習慣が身についてしまいます。

これが、部下の行動が変わらないマネージャーに共通して言えることです。

指示はしていても、部下の行動が変わらない**「指示だけマネージャー」**と名づけています。

先にも触れたとおり、部下に指示してもやらなかったという体験が増えれば増えるほど、「指示されても行動しなくていい」という習慣が強くなっていきます。

コンサルティング先のマネージャーや、研修に参加するマネージャーに話を聞くと、皆が共通して次のように言います。

「指示はしてきたが、やらないことに対して、やりきるまでかかわってきたことがなかった」

「常にその場では注意して、『次は気をつけろよ』というやりとりを延々と繰り返してきたので、あきらめていた」

多くの上司は、部下へのかかわりが指示だけになっており、指示した内容をやりきらせるところまで深くかかわっていないことが、部下が動かない上司の問題点です。

九九の暗唱とリーダーシップの関係

部下に行動させるためのかかわり方のヒントは、私たちの小学生時代の体験にあるので、ご紹介します。

私たちは、ほぼ間違いなく九九を暗唱することができます。

1×1＝1（インイチがイチ）、4×6＝24（シロクニジュウシ）、8×8＝64（ハッパロクジュウシ）と未だに忘れることなく暗唱することができます。

これは、小学校低学年のときに、**できるまで先生に暗唱させられた**からです。

全員ができるようになるまで、繰り返し練習させられました。

九九の暗唱については、理論を指示されてできるようになったわけではありません。できるようになるまで繰り返しやらされた結果、できるようになっているのです。

先生が九九を教える際、「九九はこのように考えてください」と指示し、できない子どもに対して「次は間違えないようにしてください」と言って終わらせることはなかったはずです。

できるようになるまで何度も付き合ってくれて、できるようになっているはずです。

この指導があったからこそ、九九の暗唱が定着し、今では当たり前にできるようになっているのです。

指示どおり行動させるために大事なことは、**指示したことをできるようにさせる上司のかかわり方**です。

大人になるにつれて私たちは、指導時間やトレーニング期間などなく、指示に対して動くことを求められます。

ですが、指示されただけでは、できないことがたくさんあります。多くのことは部下とのかかわりの中で、できるようになるまで指導すれば身につけられるようになります。

しかし、実際はそうではなく、できないまま放置されるため、できないことが当たり前になっていきます。

したがって「指示だけマネージャー」を続けている限り、部下の行動は変わりません。

必要なのは、**できるようにさせるまでのかかわり方**です。

私は、できるようにさせる上司のかかわり方を**「部下の行動への介入」**と名づけました。

私の研修を受ける多くのマネージャーが、「指示だけマネージャー」をやめ、部下の行動に介入することをスタートすることで、部下を動かせるようになっていきます。

今と別の行動でしか、今の問題は解決しない

私の仕事は、組織改革のコンサルティングです。

組織改革を進める上で一番重要なのは、組織の行動変革です。

コンサルタントにオーダーがあるということは、組織の中に何かしら問題があり、その解決を期待されて依頼をいただくわけです。

「営業組織が目標予算を達成できない」

「残業削減につながる業務改革が進まない」

「メンバーが期待どおりスキルアップしていかない」

「工場の生産性向上が期待どおり進まない」

「新しいシステムを導入したが、組織の中での活用が定着しない」

などのさまざまな問題を解決するには、すべてのケースで「行動」を変えることができない限り、問題解決には導けないと考えています。


今「問題」が起こっているということは、今の「行動」を続けているから問題が発

生しているということです。

そのため、別の行動をとることでしか問題は解決しないとシンプルに考えます。

問題と行動を考えるに当たって、「ダイエット」を題材として解説します。

ダイエットを成功させようと思えば当然、食べるという行動と、運動のライフスタイルとしての行動を変えなければなりません。

毎食どんぶり２杯の米を食べるというカロリーオーバーの食事行動と、多くの時間を自宅でゲームをして過ごすというカロリーを消費しない行動がライフスタイルになっているのであれば、今続けている「行動」を変えなければ、ダイエットの成果は期待できません。

成果を出すためには、**今続けている「成果の出ない望ましくない行動」**から、**「成果の出る望ましい行動」に変える**というシンプルな発想です。

「痩せたい」「すてきな体型になりたい」と望みながら、食事内容を変えず、運動せず、「成果の出る行動」を選ぶこともなく流行のサプリを飲むだけでは、ダイエットは成功しません。

「成果の出る望ましい行動」にする4つのステップ

この事例と同じようなことが、仕事でたくさん発生しています。

ダイエットと同じように、「成果の出ない望ましくない行動」を続け、少々行動を変えても成果を出すために本当に必要な行動を選ぶことができないために、問題が解決しないケースがほとんどです。

「どう考えても、新規の顧客を増やすしかない」と誰もがわかっている理由があるにもかかわらず、新規顧客へのアプローチ行動を指示せず、今流行のシステム投資を繰り返し、売り上げが改善されるどころか企業の体力を失っていくようなことがあります。

仕事の場合は、「成果の出る望ましい行動」がダイエットのように明確ではありません。

そのため、問題に対して、次の４つのステップを踏んでいく必要があります。

①「成果の出る望ましい行動」の仮説を立てる。
②仮説を立てた「行動」を実践する。
③「行動」した結果が成果につながっているかどうかを検証する。
④確実に組織の問題を解決できる「行動」になるように改善する。

この手順で、①～④の流れを繰り返し、「成果の出る望ましい行動」を導き続ける必要があります。

そこで重要になるのは、**上司は、部下の行動を変えさせることができなければならない**ということです。

せっかく成果の出る行動の仮説を導き出したとしても、部下がそのとおりの行動ができなければ、組織に成果をもたらすことは望めないからです。

そのためには、「成果の出ない望ましくない行動」はやめさせることができなければなりません。そして、「成果の出る望ましい行動」を確実に実行させることが必要になります。

「人の行動を変える」

それを実現するためのテクニックが、この本で紹介する行動改革のメソッド**「壁マネジメント」**術です。

この手法の効果は絶大です。

なぜなら実践者の9割が成果を手にしているからです。

実践者9割が結果を出すマネジメント術

実践者の9割が行動改革を実現するマネジメント手法は、私のコンサルティング支援の現場でさまざまな方とかかわる中から生まれました。

膨大な失敗と成功を繰り返しながら、再現性のある手法として体系化できたのは、私の力ではありません。

本気で組織を何とかしたいと考え、組織の行動変革に取り組んだマネージャーたちが実践した内容を組み合わせることで成長を遂げた、**超現場主義の生きたマネジメン**

ト手法なのです。

今も先人たちが残した手法を引き継ぎながら、新しい実践者がより成果の出る手法へと成長させています。

私はその先人たちの手法を橋渡ししているに過ぎないと考えています。

そもそも、当社には営業組織の目標予算を安定的に達成させるために体系化したノウハウがあります。私は前職のときにその手法を知り、自分も実践できるようになりたいという強い思いがありました。

縁あって当社に入社するに至りましたが、営業パーソンとしての経験はあっても、コンサルタントとしての経験がない状態で入社しているため、先輩社員のようにコンサルティングのノウハウはありません。

さらに、マネージャーとしての経験もなかったため、組織の中に制度を落とし込んで運用していくことなど、どう進めていけばいいかまったくわかりませんでした。

一定期間、先輩社員のかばん持ちをして、知識の習得とコンサルティング支援の進め方は経験しても、実際に現場を持つようになると、とても大きな問題にぶち当たりました。

クライアント企業へは手順に則ってやるべき項目を設定し、管理職への説明と現場に対する導入支援を実施します。

しかし、**どんなに説明しても、現場で必要な行動が実行されないことが頻発した**のです。

支援先の責任者も、最初のうちは、

「うちのメンバーが不甲斐ないために申し訳ない」

と言って、行動できるようになるまで待ってくれますが、2〜3カ月経っても結果どころか、最初の手順すら行動しない状態を目の当たりにして、

「いつになったら、うちのメンバーは教えられたことができるようになるのか。いつになったら結果につながるのか。このままで本当に結果につながっていくのか」

という苛立ちが募り、コンサルティング終了の検討やコンサルタントの変更を検討されることがありました。

支援内容は体系化されているので、それを導入することで先輩コンサルタントたちは結果をつくり出します。

しかし私は、組織に最初の段階の行動すら実行させることができないため、結果に

まったくつながりませんでした。

そこで私は、**「どうすれば、決めた行動を相手にやりきらせることができるのか」**ということに本気で向かい合いました。

「厳しい指導」は、即効性があっても、長続きしない

まずスタートして成果につながったのは、厳しい指導でした。

相手から「この人の言うことを聞かないと、まずいことになりそうだ」と思わせるために、外見を整え、言動を厳しくし、研修では地獄の特訓と言われるような厳しいワークを取り入れました。

その結果、強制的に相手にイエスと言わせる指導スタイルを確立することができました。

このスタイルで指導すると、一定程度の効果があり、私が指示した「行動」に対し

て言い訳をせずに、「やります」という宣言をさせることができるようになりました。「やる」という意志を見せるようになったのです。自社のメンバーを見たクライアント責任者はとても満足してくれるようになりました。

厳しい指導スタイルが評判を呼び、行動変革に即効性があるため、成果も出るようになりました。

その結果、私を指名していただけるクライアントの数も増えていったのです。

しかし、その状態は長く続きませんでした。

厳しい指導をすることでその場での行動にコミットすることができても、実際の現場では行動が長続きせず、**一定期間を過ぎると、元の状態に戻ってしまう**ようになってしまったのです。

当然できていない場合には、再度厳しい指導を行なうのですが、そのときだけは少し改善しても、またできなくなります。そして、

「厳しい指導」→「改善」→「できなくなる」→「厳しい指導」→「改善」→「できなくなる」

ということを繰り返すうちに、厳しい指導をしても行動が改善できなくなってしまいました。

しかも、1つのクライアントに限ったことではなく、同じようなことが複数のクライアント先で発生するようになったのです。

そうなると、クライアント先の責任者からは、

「初めは良かったが、結局元に戻ってしまうので、この手法はこのあたりが限界だと思う」

と言われるようになり、またクライアントが離れてしまったのです。

レコーディングエンジニアからのヒント

そこで、「行動させる」ということは、「継続させなければ意味がない」ということ、そして、初めのきっかけとして、厳しい指導は有効だが、それ以外の別の何かがなければ、行動を継続させることができないという課題に向き合うことになりました。

なかなか必要な成果に結びつく手法にたどり着く糸口を見つけられない期間が続きましたが、あるきっかけから**クライアントの行動を変化させ、継続させる糸口**を見つけることができました。

そのきっかけは、私が続けてきた音楽の恩師との会話の中から見いだしました。

その恩師は、私が26歳のときにメジャーデビューにつながった音源をレコーディングしてくれたプロのレコーディングエンジニアなのですが、その恩師が、「今のボーカルはクオリティが低すぎる」と繰り返し嘆いていたのです。

昔のレコーディングは今と違って編集用のコンピュータソフトがなかったため、ボーカルはレコーディングエンジニアがＯＫを出すまで、何度もやり直す必要がありました。

1曲レコーディングするのに、必要なクオリティが出せなければ１００回や２００回当たり前にやり直しをさせられるので、レコーディングによって歌唱力がついたと言います。

ライブや練習では、多少のミステイクがあってもその場で終了していきますが、レコーディングでは、本当に細かい０・０１秒のリズムのズレや、ほんのわずかな音程のミステイクすら許されません。

必ず、レコーディングエンジニアのＯＫを取らないと前に進まないのです。**歌がすべて望ましい状態になるまで、リトライさせていた**と言います。

そのため、歌唱力はレコーディングによって磨かれたわけです。

しかし、今は歌唱力がまったくなくてもコンピューター編集で何とかなるので、昔のようにボーカルが歌唱力を高める練習をしなくなったというのです。

この話を聞いて、行動指導のヒントになるかもしれないと考えました。

レコーディングエンジニアを上司、部下はミュージシャンとしてイメージしたとき、上司が望んだ行動を部下が実行しなくても上司がそのまま放置していると、部下の行動は変わらないと考えたのです。

途中経過の行動チェックの重要性

その話を聞いて、必要な行動が定着しない支援先で、新しい取り組みをスタートしました。

それは、昔のレコーディングエンジニアのように、**望ましい行動をとらない限りOKを出さず、リトライさせる指導**です。

毎朝、当日の行動計画を確認し、望ましい計画でなければ再度計画を立て直してもらいます。

そして、計画した行動ができたかについて毎夕確認して、できていなければリトライさせました。

決めたことに対して、やらなくても済んでしまう環境を徹底してなくしたのです。

クライアントの担当者には、言い訳をする人や、文句を言う人、黙って行動しない人もいましたが、必要な行動をやりきってもらうために、毎日かかわり、できていない場合には必ずリトライさせるようにしました。

すると、決めた行動ができなかった支援先が、取り組みを変えてから3カ月後完全に行動をやりきることができるようになったのです。

それまでの半年間はできない状態が続いていましたが、このかかわり方によって完全に行動させることができたのです。

当然労力はかかりますが、ここまでやらなければ人の行動を変え、継続させることができないことを理解しました。

しかし、この取り組みから、もう1つ大きなことが得られました。

3カ月間私が毎日行動を確認している状況を見ていた営業推進課長から、

「本来そのような管理は社内で行なうべきことです。山北先生にやっていただくことではありません。ぜひ、私にその管理をやらせてください」

という申し出をいただいたのです。

私は、毎日やっていた管理を彼に任せました。

そうすると、その後、半年間経過した後も、全員が行動を継続することができたのです。

行動が継続できたのは、課長が毎日確認を続けていたことであるのは言うまでもありません。

この経験から、**リーダーや上司のかかわり方次第で、人の行動を変え、継続させることができる**という確信を持ちました。

そして、外部のコンサルタントである私のかかわりがなくても、組織のメンバーの中で、行動を変え、継続させることができるマネジメントの仕組みとして、運用できるという結果にたどり着きました。

業種・マネージャーの性格を問わず、再現・通用するメソッドを完全体系化

その後、内容をブラッシュアップして体系化したマネジメントを、１００名以上のマネージャーが実践すると、その９割が自分の望んだ行動を部下や組織に落とし込み、継続させることができるようになりました。

しかも取り組んで成果を出した事例は多岐にわたります。

◎残業削減
◎工場の生産効率改善
◎工場の不良品削減

◎倉庫作業員の業務改善
◎新商品開発推進
◎5S安全管理の徹底
◎エンジニアの人材教育
◎士業の書類作成と人材教育
◎新入社員の教育と定着率アップ
◎営業部と経理部の連携業務改善
◎学生の教育
◎経理部門の工数削減
◎販売員の接客力向上
◎営業組織の行動改善
◎営業の提案力教育
◎営業の新規開拓

といった広い範囲の業務で成果を出すことができたのです。

さらに驚くのは、厳しい指導はいっさい必要ないということです。

◎あまりしゃべらないおとなしいタイプのマネージャー
◎初めて部下を持ったマネジメント経験のない新任のマネージャー
◎年上の部下を複数名抱えるマネージャー
◎男性の部下ばかりの女性マネージャー

このようなマネージャーやリーダーも、行動改革を実現し、成果を出し続けています。

次の章ではいよいよ、多くの実践者が成果を出す行動改革のマネジメント手法「壁マネジメント」の基本とその全貌を解説していきます。

第2章

チームの行動を変える「壁マネジメント」

成果をつくり出すには、「行動」を変えるしかない

次ページの図をご覧ください。

図には2人のマネージャーがいます。

この2人には、同じ人数の部下がいます。

そして、2人はまったく同じ指示を組織（チーム）に対してしています。

しかし、Aマネージャーの部隊の行動とBマネージャーの部隊の行動には違いがあります。そして、その先にある成果についても、Aマネージャーの組織の成果とBマネージャーの組織の成果は違います。

これは、組織のメンバーが指示を受けた際に実行する「行動」によって、最終的な成果に差が出ることを表しています。

成果をつくり出すためには、その成果を出すために必要な「行動」を組織のメンバーはできなければならないというシンプルな発想です。

そのことを**「V（バリュー成果）＝B（ビヘイビア行動）の法則」**と呼んでいます。

行動が変わらない限り、成果は出ない！

「V（バリュー効果）＝B（ビヘイビア行動）の法則」

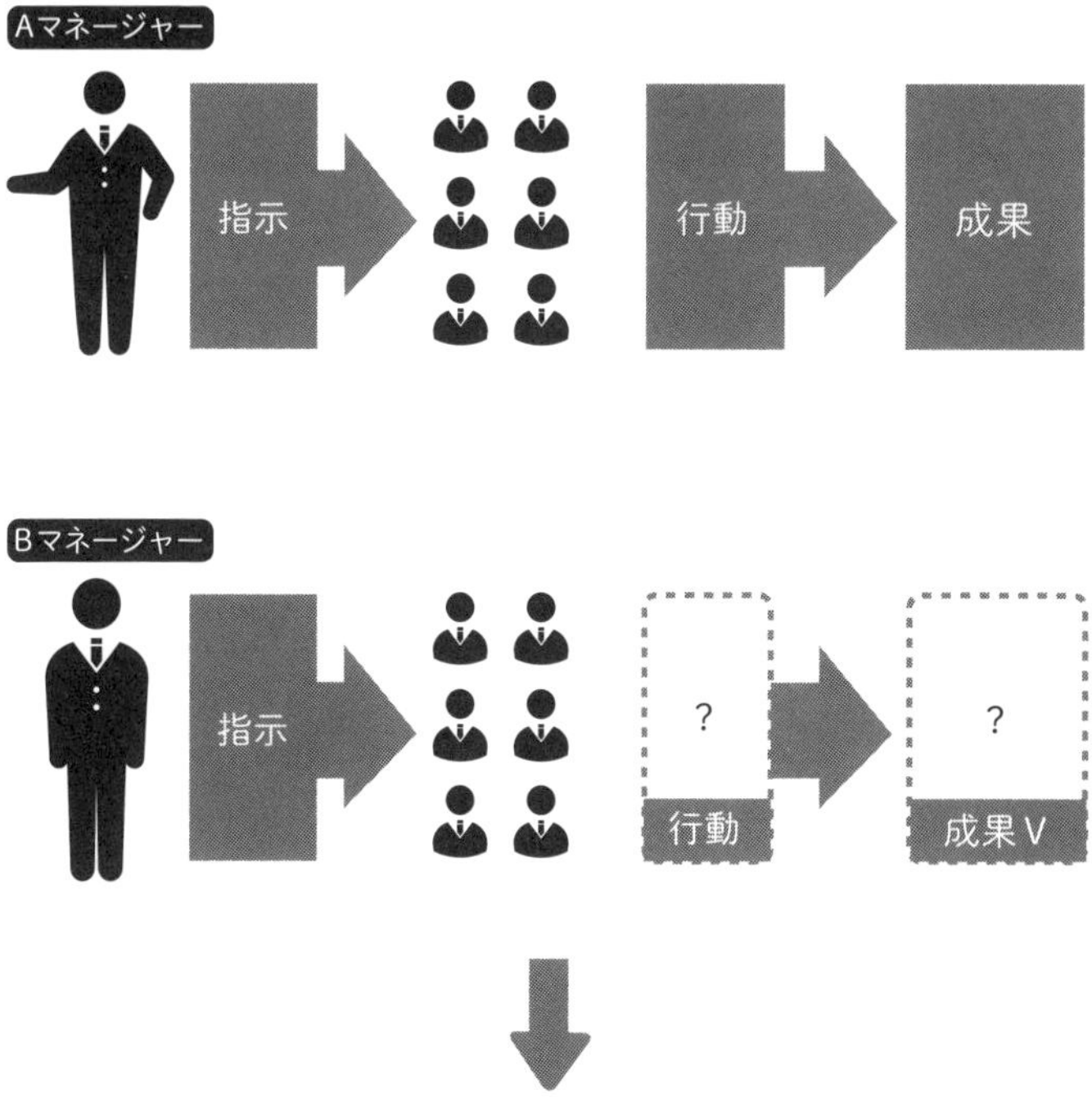

「成果の出る望ましい行動」をとらせるしかない。

Bマネージャーの部下たちは、与えられた指示に対して行動が変わらない限り、Aマネージャーと同じ成果をつくり出すことはできません。

「V＝Bの法則」が成り立つ以上、マネージャーは、組織の部下に成果の出る望ましい行動をとらせる必要があります。

また、成果の出ていない行動は変えていかなければなりません。

私の「壁マネジメント」研修の受講者の中に次のようなケースがありました。

それぞれ会社が違うAというマネージャーとBというマネージャーが研修に参加しました。

そしてAさん、Bさんどちらも、「お客様から情報を聞き取らなければ、次のステップの提案につながらない」という課題がありました。

両マネージャーが取り扱うのは、ジャンルは違いますが、金融商品です。

その情報はどちらもお客様の仕事や年収、家族構成を聞き、お客様に合ったサービスを提案しなければなりません。

そこで、A、Bの両マネージャーに、ヒアリングチェックリストをつくり、お客様に答えてもらえなくても構わないので、１００人のお客様に必ずヒアリングをすることをルールにして実践してもらいました。

その結果、Ａマネージャーのところは、１００人の顧客にヒアリングして、20人から情報を得ることができました。

しかしＢマネージャーのところでは、20人にしかヒアリングできず、情報は２件しか得ることができませんでした。

このケースの問題は、「１００人のお客様に対応してください」という指示に対して、Ｂさんチームは20人しか行動していないという点です。

Ｂマネージャーに理由を聞くと、

「普段ヒアリングの内容などを決めてから営業活動をやってないので、言ってもなかなか言うことを聞かないのです」

という言い分でした。

一方、Ａマネージャーは、

「日頃からヒアリング項目はルール設定して営業させています。今回は項目が変わっただけなので、全員が当たり前のこととして実行しました。この項目の内容であれば、聞くのは当然です」

という回答でした。

2人のマネージャーに同じ内容の指示をした結果、その組織のメンバーが必要な行動ができるかによって、成果が異なった事例です。

Bマネージャーの部隊は、まず指示に対して行動できるようにならない限り、成果に結びつくことはありません。

そのため、**指示をするだけでなく、指示に対して必要な行動ができる組織をつくるのがマネージャーの仕事である**とも言えます。

この考え方は、とてもシンプルな原理原則です。

求める成果があるならば、その成果を出すための行動を探し出し、そのとおり行動するという、とてもシンプルな内容です。

多くの組織では、指示したことに対して行動していないことが問題です。

10指示しても5〜6しか行動していなければ、当然成果は求めたものにはなりません。成果の出ていない多くの組織が、実はとても単純なところでつまずいています。

「壁マネジメント」の全貌

先に紹介したコンサルティング実践の中でつくり上げた、９割の実践者が部下の行動を変え、成果を出すマネジメント手法を**「壁マネジメント」**と名づけました。

このマネジメント手法のイメージを理解していただくために、次ページの図をご覧ください。

部下に成果を上げさせるためには、成果の出ない部下の「望ましくない」行動をやめさせ、成果の出る「望ましい行動」を継続させる必要があります。

この図は、マネージャーが部下の行動の流れに入り込んでいます。

そして、**壁をつくり、動かないように壁を押さえて、成果の出ない「望ましくない行動」を流れないようにしています。**

先にお伝えした「部下の行動に介入する」ということは、部下の行動の流れに入り込むことを表します。

そして、**マネージャーは、部下の行動に介入することで、動かない「壁」をつくり、**

「壁マネジメント」のイメージ

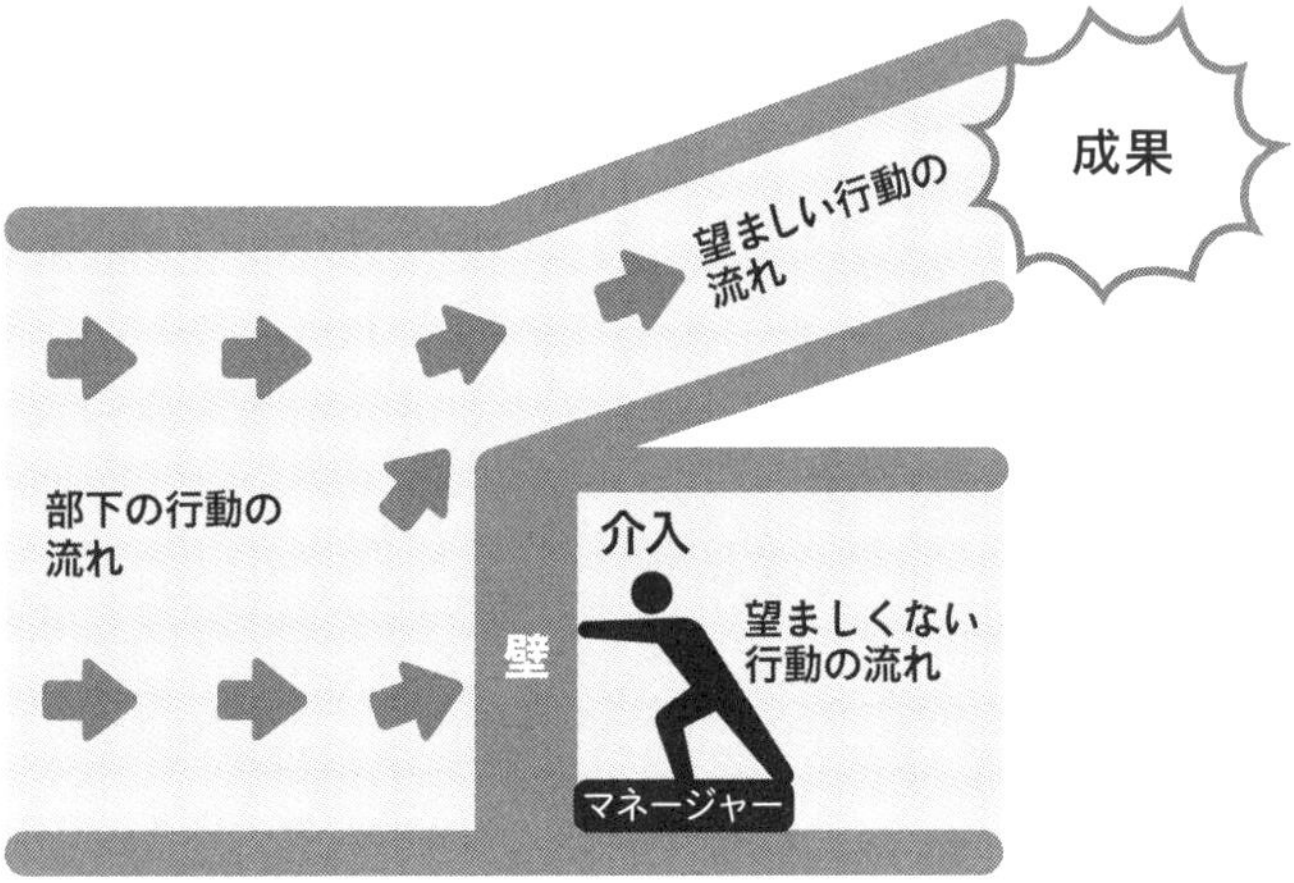

マネージャーが壁をつくって、部下たちの「望ましくない行動の流れ」を止め、成果の出る「望ましい行動の流れ」に導く。

部下の望ましくない行動を通過させず、望ましい行動だけをとり続けられるようにする。このイメージが「壁マネジメント」です。

壁マネジメントでは、決めた行動に関しては、望ましい行動以外はさせないように、マネージャーが壁をつくってコントロールします。

実際の運用方法は後ほど詳細をご紹介しますが、例えば、「提出物を期限どおりに出す」というルールを設定したのであれば、「期限を過ぎてから提出する」という望ましくない行動をさせないように、マネージャーが部下とかかわります。そして、確実に部下が提出するよう行動に関与します。

その結果、指示した行動を確実に実行させるテクニックです。

部下の行動を変えられない4つの失敗マネジメント

「壁マネジメント」とは、部下の行動に介入して成果の出ない「望ましくない行動」

をさせないための壁をつくり、成果を出すマネジメント手法です。

ここでは4つの図を元に、部下の行動が変えられないマネジメントの失敗例について解説します。

指示だけしかしない「指示だけマネージャー」

――マネジメントの失敗例①

前にも少し触れた「指示だけになっているマネージャー」が、次ページの図の状態です。

指示はしていますが、部下は成果の出ない「望ましくない行動」を続けています。

マネージャーはやるべきことを伝えているだけで、「望ましくない行動」に対して何も行なっていないため、そのまま望ましくない行動が繰り返されます。

そして、いつまで経っても部下は成果の出る行動を選びません。

多くの組織やチームで、マネージャーの指導がこの状態になっています。

失敗マネジメント①

指示だけしかしない
「指示だけマネージャー」

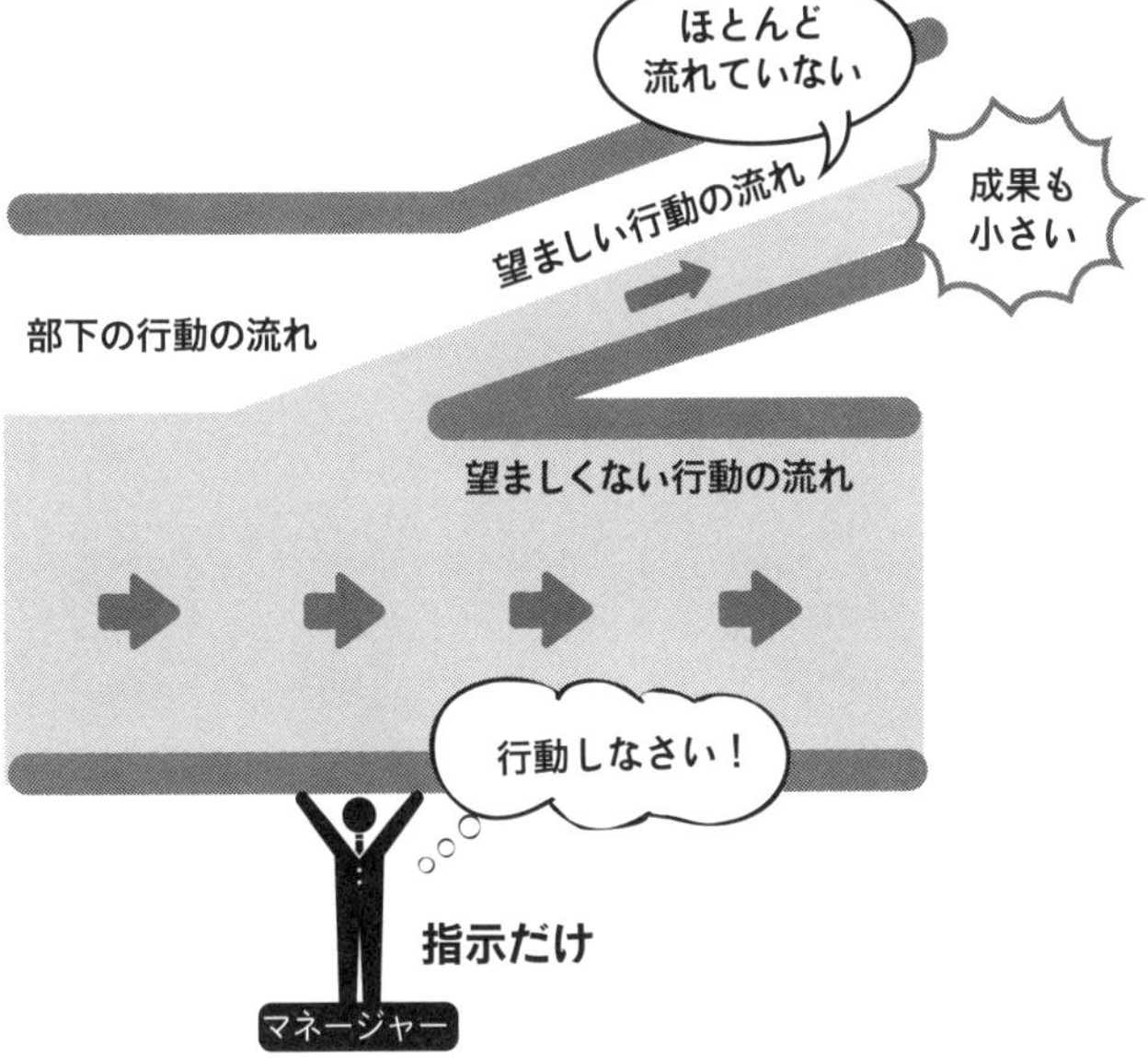

指示だけしかしていないので、「望ましい行動」には、一部の意識の高い部下以外は、ほとんど流れない。成果も小さい。

「指示だけマネージャー」の多くが部下の行動に対して「心がけ」を指示しますが、やるべきことを具体化して管理しません。

次のような投げかけが、典型的な心がけの指示です。

「安全管理を徹底しましょう」
「事故をなくしましょう」
「不良在庫を減らしましょう」
「しっかり挨拶をしましょう」
「お客様への声かけを徹底しましょう」
「必ず日報は毎日書きましょう」
「情報事故に気をつけましょう」
「お客様第一で考えましょう」
「残業を削減しましょう」

このような**心がけの指示を繰り返すだけで、「望ましくない行動」を放置している**

マネージャーは、たいてい「いつも言っているのですが、うちのメンバーはレベルが低いので」と自分を擁護してしまいます。

部下の望ましくない行動をシャットアウトする介入をしない限り、部下の行動が変わることはありません。

「望ましくない行動」が漏れているマネジメント

――マネジメントの失敗例②

次にご紹介するのは、**部下の行動に介入し、壁をつくっても、介入に漏れがあり、部下の「望ましくない行動」を完全に止めきれていないケース**です。

組織の中で成果を出すためにルールを決めて、介入して部下の望ましくない行動を止めようとしていても、望ましくない行動を通過させていると、望ましくない行動を続けていても、**「バレなければ大丈夫だ」**という価値観を生み出してしまいます。

その状態が続くと、ダムが崩壊するかのように、せっかく介入しているマネジメントが意味をなさなくなってしまいます。

設定した行動やルールがいつの間にかなくなってしまった経験はありませんか？

多くの場合、中途半端な管理によって、ルールが崩壊してしまいます。

見積書の上長承認ルールなどは、崩れやすいルールです。

「見積書を出す際は、必ず上司の承認を取る」

というルールが決まっていながら、「めんどうだから」「意味がないから」と承認を取らない部下がいるとします。

普段は上司が介入して注意するのですが、介入が徹底されていないと、承認を取らない担当者の行動が漏れます。

気づけば、承認を取らずに出しても、見つからなければ大丈夫だという風潮が組織内に蔓延《まんえん》します。

そしてしばらくすると、部下たちの中では、

「そもそも見積もって、上長に承認を取る必要がありましたっけ？」

「結局そのルール、ほとんどの人が守っていないよ。やらなくても言われないこともあるから、言われたときはやればいいよ」

失敗マネジメント②

「望ましくない行動」が漏れているマネジメント

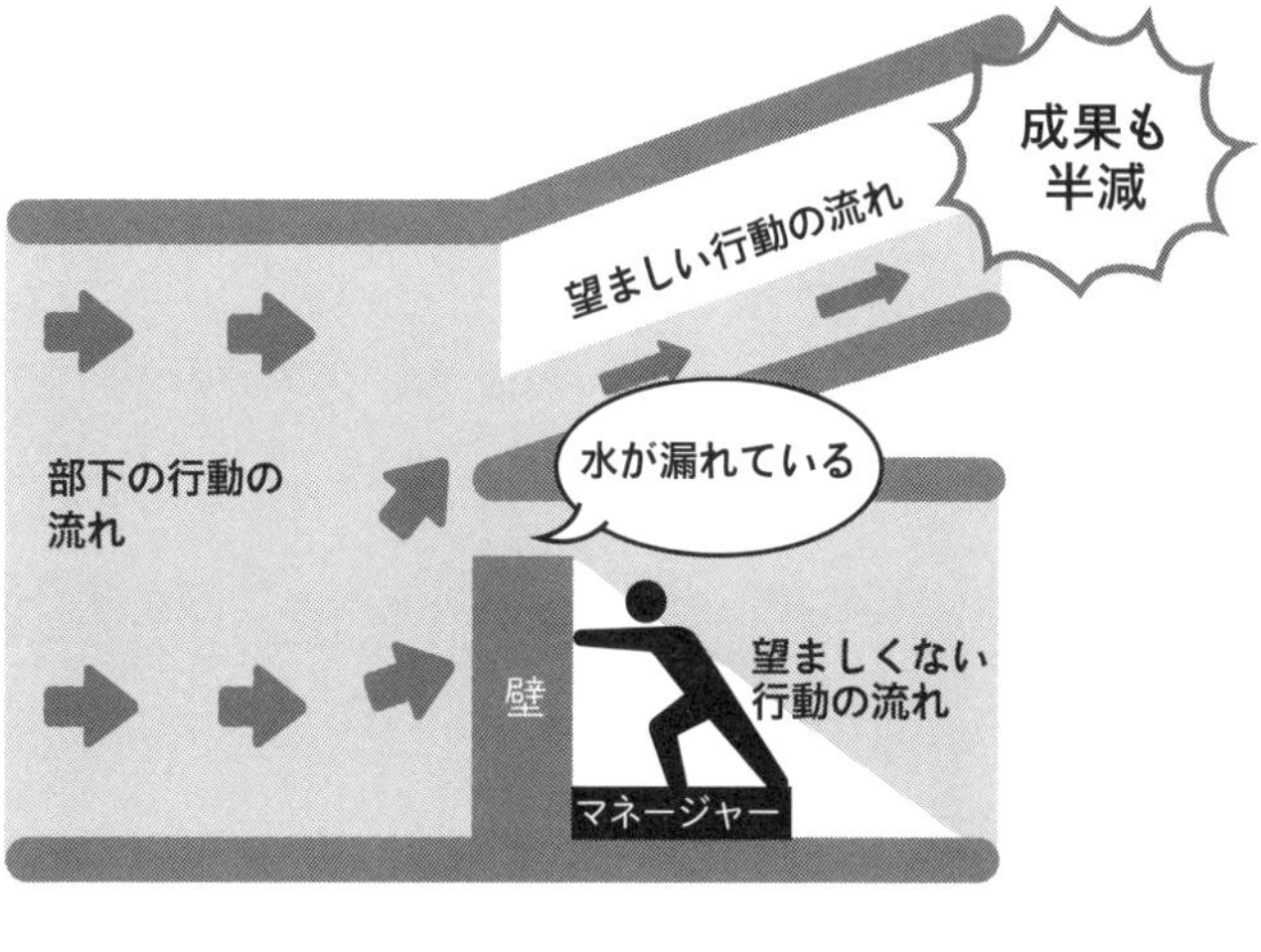

部下に対する介入に漏れがあるため、部下に「バレなければ大丈夫」という価値観を生み出し、次第に漏れが大きくなる危険がある。

といった認識にずれていき、結果、**ルールが崩壊**していきます。

その他にも、社内で設定されている業務ルールも同じようなケースで崩壊することがあります。「タクシー利用のルール」「経費利用方法のルール」などがそれに当たります。

ついつい、イレギュラーな対応をしてしまうことは当然あるものです。

緊急性、重要性を考えてやむなくイレギュラー利用することはあるかもしれませんが、初回の行動に対して注意を受けないと、次もイレギュラーなやり方の選択肢が頭に浮かぶようになります。

そして2回目も、上司の介入がなく何も言われないと、その次もルール外のやり方を選択する可能性が高まります。

ルールを決めていても介入が漏れていると、部下は望ましくない行動を繰り返すようになります。

イレギュラーな行動を5回も繰り返してしまったら、その部下の中ではイレギュラーが当たり前になってしまいます。

その状態はまわりにも影響して、組織の中で設定したルールが機能しなくなるのです。

ですから、決めたルールに関しては絶対に漏れないように介入しなければなりません。

部下の反発で、壁を押し出されてしまうマネジメント

——マネジメントの失敗例③

次々ページの図は、部下の反発によってマネージャーが押さえるべき壁が押し出されてしまうケースです。

成果を出す望ましい行動を新しく設定し、行動させるということは、成果の出ない今までの「望ましくない行動」があるということです。

長い間、成果の出ない行動が習慣化していると、新しい行動に対して拒否反応を示し、反発（バースト）します。

反発が発生する場合には、詳細を説明して理解させようとしても、意味がありませ

ん。

なぜなら、この反発は無意識に発動する心理欲求だからです。

新しいルールを設定したときは特に反発は大きく、あらゆる手段で**「できない言い訳」「やらない理由」**を述べてきます。

例えば、新規開拓を新しく始める営業組織では、

「新規に時間を割くことによって、既存の対応が疎《おろそ》かになったらどうすればいいんですか？」

という部下の反発がお約束のように発生します。

そこでマネージャーが、

「そうだなぁ、考えながらやらないとダメだな」

などと言って反発にそのまま押し戻されていたら、部下の行動を変えることなど絶対できません。ですから、

「どちらもやる必要があります」

ということを伝え、行動させなければなりません。

部下の側から、

失敗マネジメント③

部下の反発で、壁を押し出されてしまうマネジメント

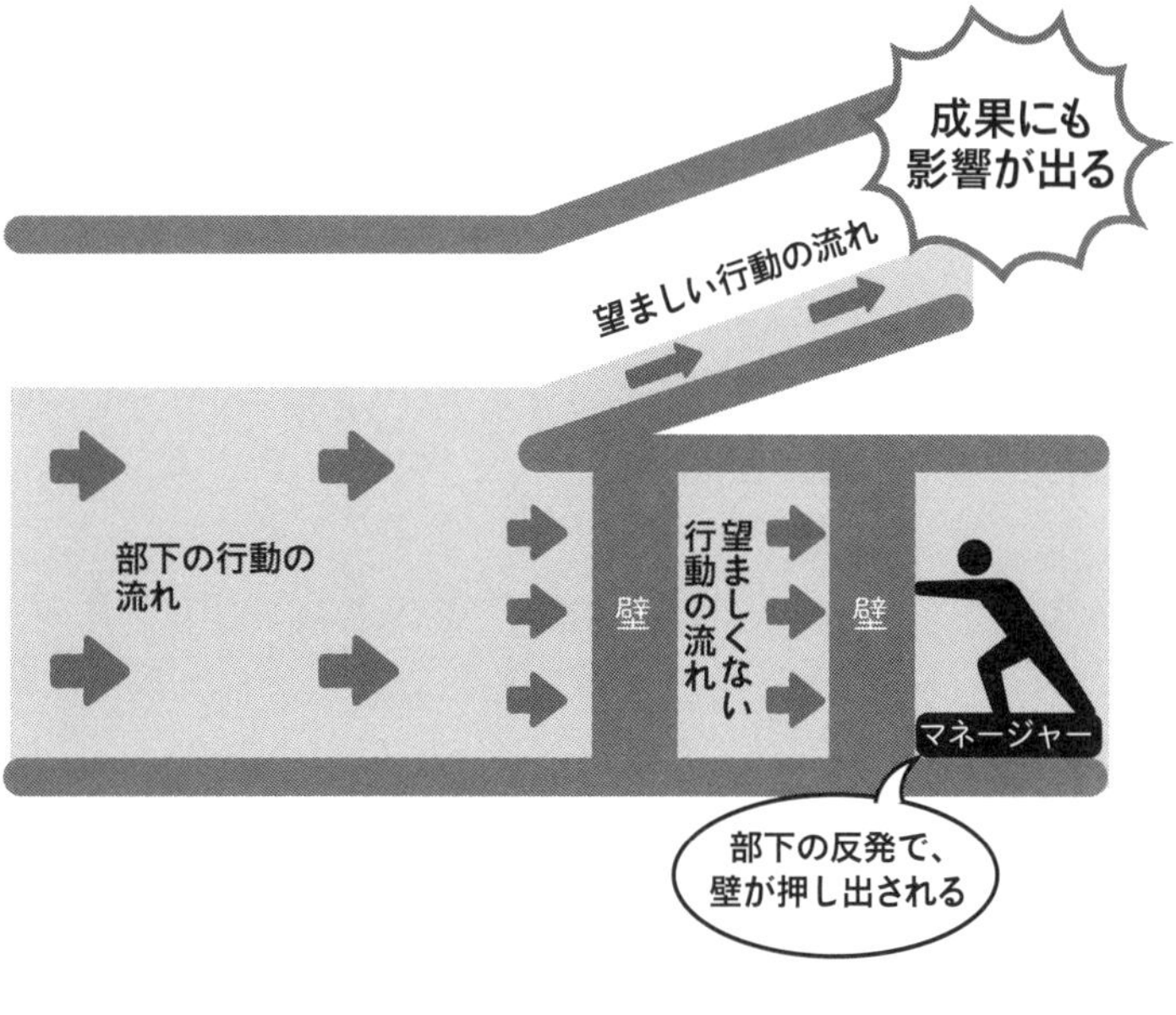

新しいルールを設定した際、「できない言い訳」「やらない理由」といった反発が発生。その反発でマネージャーの壁が押し出され、結局、「望ましくない行動」の流れにいってしまう。

「意味がないのではないか？」
「今やっていることが疎かになる」
「できないかもしれない」

といった言い訳が出てくるときには、要注意です。

反発の強さは、組織内の空気と習慣の力に比例します。

普段から仕事内容や、職場の仕組みやルールが変化することに慣れている組織の場合には、この反発はあまり発生しません。

「仕事は、変化し続けるものだ」という認識と空気が当たり前になっているからです。

しかし、長期間同じ場所、同じ立場、同じ仕事を繰り返し、そのやり方に上長が変化を求めていないような組織に行動の変化や役割の変化を求めると、とても恐ろしいことになるケースがあります。

例えば、今まで20年間役割の変更をしなかった部下に、新しい部署への異動を命じたところ、「人事制度に役割や職種が変わる文言を正しく明記していないから、この異動指示は違法だ」と反発して、会社側を訴えるケースもあるぐらいです。

会社の状況に合わせて、組織の人間に、そのときそのときに合わせた必要な仕事をしてもらわなければなりません。

働く側のすべての希望に沿う形で成果が出続けるのであれば、それはとてもすばらしいことですが、残念ながらその状態で成り立つことはほぼないでしょう。

時代の変化、市場の変化、組織の状態に合わせて、やってもらわなければならないことは必ず変わってくるはずです。

しかし、働く人たちが、「やりたいこと、慣れていることしかできない」と言って成果の出ない行動を続けることを望むのであれば、会社は必要な成果が得られなくなり、衰退の一途をたどるしかなくなります。

実際、私が支援に入る先も、そのような会社や組織が少なくありません。

クライアントの経営陣から「まだ今なら数年は何とか大丈夫だが、自分たちでは組織の状態を変えられなくなってしまった。もう外部の力に頼るしかない」という状態で相談されるケースは、まだ何とかなることが多いものです。

しかし、再生案件の場合には、お願いされても私たちのほうから支援をお断りしなければならないケースもあります。

利益確保が最優先となり、リストラ、事業売却、資産売却、経費カット、給与カットなどの必要なことをすべてやらないと、会社の体力が尽きてしまうケースです。

しかし、このような会社の多くは、再生を進める際に、指示された行動ができないため、改善できずに最後の日を待つか、そのまま崩れていきます。

その状態になるまでの過程で変化を拒み、その会社のいいビジネスの時代に染み付いた望ましくない行動を変えられず、変化に対して反発し続けた結果、どうしようもない状態になっているのです。

部下や組織の反発に対して押し戻されないマネージャーの強い意志と介入が必要です。

自分の組織のメンバーに、**常に行動変化が当たり前だと認識させる**ことは、マネージャーの重要な役割だと言えます。

間違った場所に壁をつくっているマネジメント

——マネジメントの失敗例④

次ページの図のケースは、望ましい行動の流れに壁をつくって介入してしまっているケースです。

このような間違ったマネジメントが行なわれているケースは、意外と多くあります。

私の過去のクライアントの話です。

営業部長が、

「会議では、全員がもっと建設的な意見を出さなければならないのに、うちのメンバーは誰も発言しない！　意識と能力が低すぎる」

と嘆いていました。

実際に私が会議に参加し、様子をうかがっていると、誰も意見を出しません。見かねた営業部長が、「誰か何かないのか！」と言うので、係長が手を挙げ、発言しました。

すると、部長が「お前のアイデアはまったく売り上げに貢献しない。もっと大きなアイデアを出さんか」と叱りつけました。

私はそれを見て、まさにこの図の状態になっていると思いました。

望ましいことは、全員が発言する行動ですが、この組織は発言すると、部長に怒ら

失敗マネジメント④

「望ましい行動」の流れに壁をつくっているマネジメント

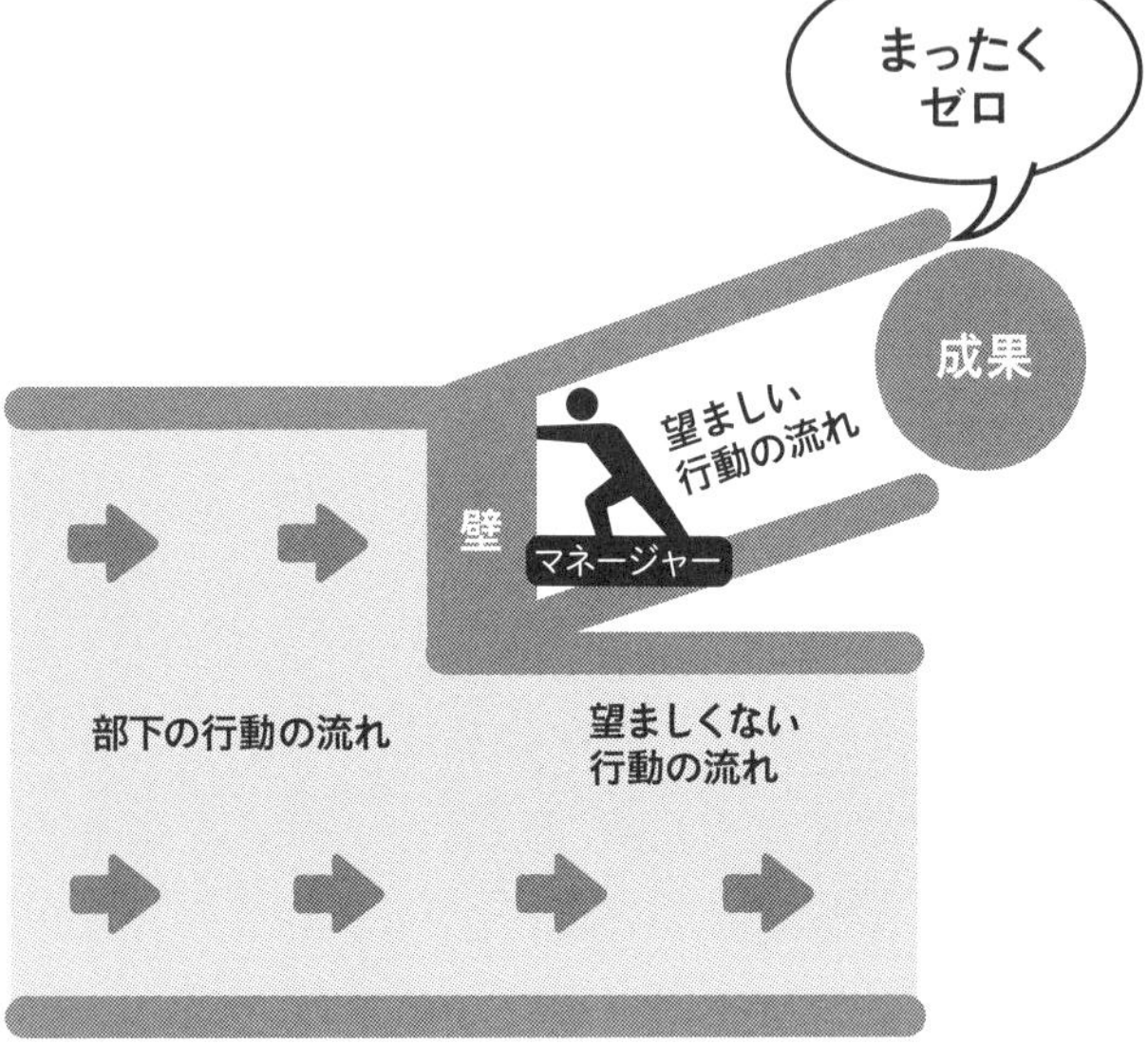

マネージャー自身が、「望ましい行動」の流れに壁をつくってしまう。本来望ましいはずの部下の行動や意見を「認めない」「否定する」「怒る」といったケースに多い。

れ続けてきたのでしょう。

発言するという望ましい行動に壁をつくられている状態でした。

そこで、会議の後、

「部下が発言するたびに部長がダメ出しをするので、全員発言することを恐れていますよ。望ましい行動は、全員が発言することです。発言したことに対して承認してあげないと、誰も発言しない状態は変わりませんよ」

とお話ししました。

その部長は、

「そうは言っても、意味のない会議をしていては、もったいない」

と反発していましたが、しぶしぶ発言する人にはどんな内容であっても承認し、発言しない人に対しては厳しく指導してもらうようにしました。

そうすると、案の定しばらくすると、全員が会議で発言するようになりました。

この話をすると、多くの人が「うちの会社の会議も社長が同じことをしています」とこっそり教えてくれます。

その他にも、こんなことがあります。

◎「新しいチャレンジをしろ」と言っておきながら、新しい企画を出すたびに否定され続けているケース。

◎「そんなことぐらい、いちいちお伺いを立てずに自分たちで進めろ」と言っておきながら、自分たちで進めると、「なんで報告せずに勝手に進めているのだ」と言って怒られるケース。

◎決められた行動を正しく実行しているにもかかわらず、「行動だけやっても意味がない。結果を出さなければ意味がない」と言って、行動したことを認めない発言を繰り返すケース。

このように、悪気はないのでしょうが、会議以外のケースでも、本来望ましいはずの行動に対して、上司が間違った部分に壁をつくっているケースがあります。

そういうケースにならないように、「必要な行動は何なのか?」を見極めて、介入する必要があります。

「壁マネジメント」を運用する3つの型

繰り返しになりますが、「壁マネジメント」とは、部下の行動に介入し、成果の出ない「望ましくない行動」に対して壁をつくって、「望ましい行動」のみ流れるようにするという考え方です。

この章の最後に、実際に壁マネジメントを運用する設計について解説します。

これは、「壁マネジメント」を構成する基本の柱となります。

「壁マネジメント」を運用する際に必要となる決め事は、次の３つです。

①「行動ルール」の設定。
②行動ルールに対して漏れなく介入する「介入ルール」の設定。
③介入する際の「フィードバック方法」。

では、それぞれ１つずつ概要を解説していきます。

①「行動ルール」の設定

壁マネジメントでは、一度に多くの行動をマネジメントしません。部下の行動に対して、漏れなく介入をするわけですから、当然新しい作業となります。

あれもこれもと介入すべきものを増やすと、「漏れなく介入する」ことができなくなってしまいますので、成果を出すために必要となる行動のみルール化して、その「行動ルール」に対してのみ介入します。

単に**心がけや、方針とするのではなく、「具体的なルール」として設定する**ことで、部下もやるべきことが明確になります。

なお、ルールの設定方法を間違えると、壁マネジメントを運用してもまったく機能しなくなるため、その設計方法のポイントを次章で詳しく解説します。

②行動ルールに対して漏れなく介入する「介入ルール」の設定

決めた行動ルールに対して、漏れなく介入するために、壁マネジメントでは3つの介入ルールを設定します。

介入ルールとは、部下に設定した行動ルールを漏れなく確認するための、**マネージャーのためのルール**です。

つまり、「ルールを守らせるためのルール」と言えます。

この設計と運用を行なわない限り、壁マネジメントが機能することはありません。

介入ルールの設定方法についても、次章で詳しく解説します。

③介入する際の「フィードバック方法」

設定した行動ルールに対して漏れなく介入して、常に望ましい行動を選択するように、部下を誘導しなければなりません。

そのために、壁マネジメントでは、**行動分析学を使った部下へのフィードバック方法を設計**し、部下の行動を変えていきます。その手法についても、次章で詳しく解説します。

以上の3つの決め事については、それぞれ単独で運用するものではありません。

必ずセットで運用します。

研修の受講者の中にも、めんどうではないと思う部分だけ自分なりに運用しようとする人がいますが、そういう人はたいてい失敗してしまいます。

9割の実践者が成功するにもかかわらず、成果が出ない1割の残念な人は、正しく実践しない人です。

ただし、9割の人が成果を出しているということは、マネジメントの手法そのものはまったく難しいものではないということです。

やろうと思えばほとんどの人が実践することができるシンプルでわかりやすい構造も、「壁マネジメント」が成果につながる大きな特徴だと言えます。

それでは、次章でいよいよ具体的な設計方法について説明していきます。

第3章

結果を出す「壁マネジメント」の実践

部下を思いどおりに動かすために、新しい「行動ルール」を設定する

壁マネジメントを運用する上で初めに行なうことは、「行動ルール」の設定です。

交通ルール、校則、法律など、私たちはさまざまなルールの中で生きています。

ルールとは、元々あったものではなく、リスクを回避するか、その行動をすることで成果をもたらすために、新しくつくられてきたものです。

壁マネジメントも成果をつくり出すために新しいルール設定をするのですが、多くの組織ではルールを正しく設定できていません。

その結果、ルールが機能せず、望んだ成果につながっていない組織をたくさん見てきました。

ここでは、成果を出すためのルール設定について解説をします。

間違いだらけの「行動ルール」の設定

壁マネジメントでは、マネージャーにルール設定をしてもらいますが、多くのマネージャーがルール設定の方法を間違ってしまいます。

次の例は、実際に研修受講生が設定した間違ったルール設定です。

◎見積もりを10件取ることをルールとする。
◎不良品の発生率を3％以下に抑えることをルールとする。
◎21時退社をルールとする。

このルールを見て、何がダメなのかわかるでしょうか？

これら3つのルールは、すべて目標です。行動するためのルールとしては成り立ちません。

「目標」と「行動ルール」は違います。

これら3つはすべて成果として求めているものであり、その成果を出すための行動がなければ、それぞれの数値を達成できません。

何をすることで、求められる成果を出すことができるか、その行動が明確になっていなければ、求められた成果を出せるかどうかわからないからです。

もしそのまま設定してしまうと、目標を達成するための方法やとるべき行動がわからない人は、達成することができません。

そして、ルールを守れない人を生み出してしまいます。

その結果、「ルールを守れなくても大丈夫だ」という空気が組織内やチームの中にできあがってしまいます。

正しい「行動ルール」設定のポイント

では、どのようにルール設定をすればいいかの事例を、先ほどの事例を元に解説します。

◎見積もりを10件取ることを目標として、30件のお客様に見積もり依頼につながる提案を行なう。

このケースの場合、見積もり依頼については相手のあることですから、提案しても必ず見積もり獲得につながるかどうかはわかりません。

そのため、マネージャーの経験に基づいて、こちらから能動的にできる行動を設定し、その反応として必要成果が得られると予想する行動をさらに設定しています。

このとき大事なことは、**能動的に行なえる行動をルールとして設定する**ことです。より よくやろうと思えば、実現可能な行動をルールにしなければなりません。

◎不良品の発生率を３％以下に抑えることを目標として、工具のメンテナンスを毎回必ず行なう。

このケースは、実際に私がクライアント先で経験した事例です。

不良品発生率が低い行動をモニタリングした結果、製作を行なう際に必ず工具に

「油をさす」という行動をしていた作業員の不良品発生率が低いことがわかりました。

この行動は、**やろうと思えば必ずできる実績のある行動**だということです。

油をさす行動をルール化することで、全員が3％未満の不良率を実現しました。

それまでは、心がけだけが浸透していて、どうすれば不良率を下げられるかわからないまま目標を行動ルールとして設定していました。

「油をさす」という誰でもできることをルールとして設定し、全員がやりきることで、目標が達成できるようになりました。

◎21時退社を目標として、イレギュラーがない限りは17時に帰社することをルールとする。

この会社は、残業削減の成果を出すために、21時退社をルールとして設定しましたが、そもそも営業職の社員の帰社時間が平均20時と遅いこと。そして、毎日の残務時間が平均4時間と長く、誰も21時退社を守れない状況にありました。

何の打つ手もなく、気合と根性で21時退社を守れというルールを決めても、機能しませんでした。

そこで、21時退社から逆算し、**17時に帰社することをルール化**して、それまでに帰社できないアポイントは原則禁止にしました。

帰れない場合には、原則直帰も合わせてルール化しました。

この場合も、「スケジュール調整」という、こちら側が能動的にできる行動をルール化することで、誰もがその行動ルールを守れるようになりました。

以上のルール設定からもわかるように、**ルールは「やろうと思えばできること」を設定**しなければなりません。

そして、行動した結果、獲得できると想定するものが目標です。

想定される目標が達成しないのであれば、行動のルールをブラッシュアップして、目標の成果が得られるまで、ルールを変え続ける必要があります。

目標とルール設定の間違いは、多くのマネージャーが誤るポイントです。

成果を出すための「行動ルール」を4つに分解する

先ほどの項目では、ルール設定の際に気をつけるべき目標とルールの違いについて解説しました。

ここでは、効果的にルール設定するための分解方法について解説します。

ルールを設定する際には、そのルールを

◎やろうと思えばできる行動群
◎やろうと思ってもできない行動群

に分けます。

やろうと思えばできる行動群については、能動的に行動できる内容ですからそのまま設定すればいいのですが、さらに分解することで、より成果につながる行動ルールを導くことができます。

①「やろうと思えばできる行動群」を2つに分ける

「やろうと思えばできる行動群」の１つ目は、

「知っていればできる行動」

のルール化です。

例えば、新商品の案内方法であったり、新しいシステムや新しいプログラムの使い方であったり、新しい法律への対応など、知るという機会を得れば、すぐに行動に移せる内容のものです。

このような場合には、知るという機会を得続けることをルール化しなければなりません。

「知らなければ間違ってしまう」「知らなければ行動することができない」ということを回避するために、知ることそのものをルール化することが必要になります。

ある携帯ショップでは、お客様への案内間違いや、知識不足による提案不足で、顧客ロイヤリティ低下が発生し、大きな問題となっていました。

携帯ショップ運営ビジネスでは、料金サービスや新商品、業務オペレーション、故障対応など、本部からの通達が膨大にあります。

そのため、毎日対応が変わっていきます。

このショップでは、本部からの通達をスタッフ全員に落とし込むことができていませんでした。

そこで、毎日店長と副店長が、当日の重要な通達事項をまとめて、出社したスタッフに面談形式で15分必ず通達事項の申し送りを行なうことをルール化しました。

シフトがあるためメンバーの出社時間はバラバラですが、店長と副店長は毎日全員に必ず申し送りを行ないました。

このルールを漏れなく行なうことで、通達事項の共有が強化された結果、案内間違いやサービス紹介の洩れが削減し、顧客対応のクオリティが大幅に改善しました。

これは、「知る」ということをルール化することで成果につながった事例です。

この行動をルール化することを**「知るための行動のルール化」**と言います。

「やろうと思えばできる行動群」の２つ目は、

「普段やっていない、慣れていない、いつものパターンと違うからやりたくない行動」

のルール化です。

人は今まで続けてきた習慣化した行動を好み、新しい行動を受け入れることを不快に感じる本能を持っています。

誰もが持っているその本能を、心理学では**「現状維持バイアス」**と言います。つまり、現状は現状のまま維持したい心理欲求です。

やろうと思えばできないことはない行動であっても、知っていればできる行動と違い、その行動を習慣化するまで繰り返し続けないと、普段から当たり前に行動できるようになりません。

例えば、新しく始める新規開拓のテレアポや、飛び込みの営業活動、効率のいい新しい手順の作業工程など、慣れ親しんだ行動習慣を変えなければならない場合には、新しい習慣をつくる行動としてルール化しなければならず、また以前の行動を変えようとしないため、この内容をルールにしても習慣化するまでは、とても労力がかかります。

先に紹介した反発が起こりやすいのは、このケースの行動のルール化です。多くの組織で必要な行動を徹底、継続させられない一番の要因と言えます。

しかし、歯磨きや自転車に乗ること、運転と同じで、繰り返し行なうことで、私たちは行動を習慣化し、当たり前にできるようになります。

そのような心理状態を理解した上で、習慣化させるための行動をルールとして設定しなければなりません。

「壁マネジメント」は、部下の言い訳や反発に対して動かない壁となって、この行動ルールを守らせることに特化したやり方です。

この行動のルール化を**「習慣化が必要な行動のルール化」**と言います。

②「やろうと思ってもできない行動群」を2つに分ける

次に、「やろうと思ってもできない行動群」を、

◎スキルや技術がなければできない行動

◎時間がなければできない行動

の2つに分解します。

まず、「やろうと思ってもできない行動群」の1つ目は、

「スキルや技術がなければできない行動」

のルール化です。

成果を出すための行動が、個人によってできる人とできない人がいる場合には、行動をルール化しても、できない人がいるため全員やりきることができず、ルールが機能しません。

そのため、技術、スキルがないのでできない人のために、スキルや技術を習得するための行動をルール化します。

例えば、このような事例がありました。

その工場では現場作業者用に設計ソフトを購入しましたが、限られた人しかソフトが使えないために、使える人が別作業をしている場合には作業が進まないという問題を抱えていました。

本来、全員が使うことを前提としていたため、全員が使うことをルール化したので

すが、技術的な問題で使えない人がいるため、そのままルール化することができませんでした。

そこで、技術責任者は全員がソフトを使えるようになる指導カリキュラムをつくり、ソフトの練習を定期的に行なうことをルール化し、スケジュール化しました。

このような行動ルール設定を**「スキル、技術を向上させる行動のルール化」**と言います。

その結果、全員がソフトを使えるようになり、工場内では無駄な工程がなくなりました。

実は2年近く問題にはなっていたことでしたが、この行動ルールを設定して半年後に全員がソフトを使えるようになり、大幅な業務改善につながりました。

「やろうと思ってもできない行動群」の2つ目は、

「時間がないためにできない行動」

のルール化です。

どんなにルールを設定しても、行動をするための時間がなければ行動できません。

先に解説した3つの行動のルール化、

◎知るための行動のルール化
◎習慣化が必要な行動のルール化
◎スキル、技術を向上させる行動のルール化

も時間がなければ、ルールで決めた行動を行なうことができません。

ルールを決めても時間が確保できず、そのルールが機能しない組織は数多く存在します。

そういう場合には、まず時間確保を行なうところからスタートしなければなりません。

ですから、必要なルールを実行するためのスケジュールを確実に押さえることをルール化することからスタートします。

しかし、多くの場合にはそれだけでは解決せず、時間を削減するためのルールを設定しなければならないことが多いのが実情です。

そのためには、今の仕事の中で時間をたくさん使っている行動を「やめる」「誰かに任せる」「効率化して短くする」ことを進めなければなりません。

しかし心がけだけで時間をつくり出すことは難しいため、時間をつくるための行動をルール化します。

過去の支援先で、次のような事例がありました。

この営業組織では、見積もりと調整作業をすべて営業担当者が行なっていました。

そこにはとても時間を費やす必要があり、顧客訪問のための時間を週に1日しか設定できないほど、事務作業に追われていました。

そこで、顧客訪問時間をつくり出すために、「営業は見積もりと調整作業を行なわない」ことをルール化しました。

とはいえ、誰かが見積もりと調整を行なわなければなりません。

そこで、営業メンバーの数名を選抜して、見積もり、調整の専属部隊をつくり、作業はその部隊に任せるというルールを設定しました。

ルール設定した当初は、「自分でやったほうが早いから」と言って、見積もり作成を任せることなく、自ら作成する営業メンバーもいましたが、ルールとして決めたか

正しい「行動ルール」設定法

「行動ルール」の4つの種類

行動の種類		行動の設定コンセプト		行動ルールの設定
知っていればできる行動	➡	知るための行動	➡	行動のルール化
今までの価値観、習慣と違う行動	➡	新しい価値観、習慣を身につける行動	➡	
スキル・技術を習得できればできる行動	➡	スキルを向上させるための行動	➡	
時間を確保できればできる行動	➡	時間を確保するための行動	➡	

行動の４つの種類から導き出すのがポイント！

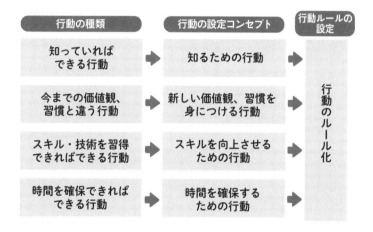

らには、「壁マネジメント」の手法を使って、ルールどおりやりきらせることにしました。

すると、週に1日しか外に出ることができなかった営業メンバーが、週4日外出できるようになりました。

その結果、今まで接点を持つことができなかった遠方の顧客にアプローチできるようになり、遠方のアプローチ先から発生した案件が取れるようになったことから、目標予算を安定して達成できるようになりました。

これは、時間を確保するルールをつくったことによって成果を出した事例です。

このような行動設定を**「時間を確保する行動のルール化」**と言います。

以上4つの行動ルールの設定方法について解説しました。

どのルールにも共通することは、すべてできない理由のないことを前提に、能動的に実行できるルールを設定する必要があるということです。

なぜ人は、新しい行動をなかなか受け入れないのか？

ここまで、行動ルールを正しく設定する方法について詳しく解説してきました。

しかし、単純に行動を設定するだけでは、当然、相手はその行動を受け入れようとしません。

ここでは、心理学をベースに「なぜ人は、新しい行動を受け入れられないのか」について解説します。

私たちが、何かを「手に入れる」際には、必ず何かを「受け入れて」います。

手に入れるものは、物理的なものであっても、スキルであっても、価値観であっても、必ず手に入れたものに見合う何かを受け入れているのです。

しかし、多くの人は望んだことを手に入れることができません。

その要因は、望んだものを手に入れるために必要なことを受け入れることができないからです。

なぜなら、そもそも私たちの脳には、**過去に体験してきたことのない何かを受け入**

れようとする際に、無意識に受け入れることを避けようとするプログラムが働くからです。

そのプログラムが先に述べた「現状維持バイアス」です。

現状は現状のまま維持したいという心理欲求のことです。

現状とは、過去に体験してきたことの積み重ねであり、今の価値観、習慣を表します。

そして、過去にやってこなかったこと、また、過去に受け入れようと試みたけれどもうまくいかなかったことを受け入れようとすると、そのプログラムが作動して、新しい行動を受け入れないように感情を揺さぶります。

しかし、自分が望んだものを手に入れようと思えば、新しいことを受け入れなければなりません。

つまり、多くの人が、新しい行動を受け入れることができず、望むことを手に入れることができないのは、現状維持バイアスという脳のプログラムが作動しているからなのです。

現状維持バイアスは、本来悪いプログラムではなく、生存確率を高めるためのプログラムです。

過去に積み重ねた習慣や価値観の選択肢の中から、行動することを選んだほうが安全である、可能性が高いという理に適ったものです。

しかし、ビジネスで必要なものを手に入れるためには、新しいことを受け入れなければなりません。

そのためには、現状維持バイアスを克服することが必要になります。

部下に行動ルールを設定する際にも、この現状維持バイアスの仕組みを知っていないと、なぜ「部下は、この行動を受け入れることができないか」という疑問ばかりが浮かんできます。

指示しても行動を変えないことも、現状維持バイアスの存在が大きく影響しています。

「今までやっていない行動だからやろう」と思えばできることであっても、現状維持バイアスのプログラムが発動して、新しい行動を受け入れることを無意識に拒否してしまうのです。

新しい行動をさせる際には、「本当にできないのか」、それとも「現状維持バイアスによってできないのか」を見極めて行動を設定しなければなりません。

部下の「現状維持バイアス」を外す方法

現状維持バイアスによって、やろうと思えばできることをやらない場合には、現状維持バイアスを外すプロセスを体験することにより外すことができます。

現状維持バイアスが外れるということは、新しい行動を完全に受け入れている状態です。

行動することが当たり前だという価値観ができあがっている状態や、行動を継続することが習慣になっている状態です。

私たちは、過去の人生において、現状維持バイアスを外すプロセスを必ず経験しています。

歯磨きをする習慣や、車の運転ができるようになる過程で、必ず現状維持バイアスを外し、新しい行動を受け入れています。

過去に現状維持バイアスを外す経験をしているにもかかわらず、新しいことを受け入れる際には、また新たな現状維持バイアスが発生し、その行動を避けようとしてしまうのです。

車の運転ができるようになる過程は、現状維持バイアスを感じ、そのバイアスが外れていく体験を表すものとしては最適です。

教習所では、わざわざ狭い道である、S字路やクランクの上を走ります。

その際、「落ちたら嫌だなぁ」という恐怖を感じながら、運転していたことを覚えています。

坂道発進での半クラッチの行動も同じです。

しかし、練習を続けることによって、技術の習得とともに、不安な感情もなくなっていきます。

路上教習に出ると、また新たな不安を感じます。

「後ろの車が近い」

「前の信号が黄色になりそうだが、止まるべきか、進むべきか」

ということに恐怖を感じながら運転していました。

そして、極めつけは高速教習です。

今までは「40キロで走りなさい」と言われて運転してきたのを、高速教習では「100キロ出しなさい」と言われて、恐怖を感じながら運転していました。

しかし、今となっては、高速の運転も路上の運転も、まったく恐怖など感じず、当たり前のこととして運転することができます。

つまり、現状維持バイアスを外すためには、**現状維持バイアスが発生して、不安や恐怖の感情が発生して、その状態を避けようと思う状態に身を置き続けることが必要になります。**

そして、その**「インパクト（強度）×回数（頻度）」**によって、現状維持バイアスが外れて、新しい価値観、習慣を身につけることができます。

部下の成果や組織の成果を手に入れるにも、その反対側にある行動を受け入れなければなりません。

しかし、基本的に、新しい行動を受け入れる際には、現状維持バイアスが発生して、その行動を避けようとするプログラムが発動します。

しかし、**成果を手に入れるために必要であれば、新しい行動のルールを設定し、現状維持バイアスによる反発があったとしても、行動をさせ続けることに身を置き続け**

させない限り、部下の現状維持バイアスは外れません。

結果、新しい行動は定着せず、その反対側にある望んだ成果を生み出すことはできないのです。

現状維持バイアスの存在と現状維持バイアスを外すプロセスを知らずに新しい行動ルールを設定すると、部下の反発を正しく理解して、その上で部下の行動をコントロールすることができません。

現状維持バイアスが発生するその期間は、恐怖や不安を感じるため、ストレスがかかりますが、現状維持バイアスが外れ、新しい習慣となれば、ノンストレスで成果の出る望ましい行動ができるようになります。

初めは反発しながら嫌々行動していたとしても、その行動を続けるうちに当たり前になります。

その行動を受け入れられるようになると、部下は成果を出せるようになります。

そこまで導いた部下が、現状維持バイアスの過程で不安や恐怖に身を置き続けさせられたからと言って、あなたを恨むでしょうか。

決してそんなことはありません。むしろ、あなたに対する感謝しかないと思います。

それよりも、必要な行動ができないまま時間だけが過ぎ、気づけば他のメンバーができる行動がいつまでもできず、給料も差がついているという状況になったほうが部下に恨まれるでしょう。

マネージャーは現在ではなく、未来の姿を想像して、仕事を進めなければなりません。**未来の成果のために、たとえ反発があったとしても、部下の将来を考え、必要な行動は受け入れさせなければならない**のです。

現状維持バイアスを理解しないまま、行動ルールの設定だけをすると、反発に困惑して進めていいものかどうか不安になり、マネージャー自身が耐えられなくなることがあります。

強い意志を持って動かない壁とならなければ、部下の成果の出ない「望ましくない行動」をやめさせ、成果の出る新しい「望ましい行動」を受け入れさせることはできません。

ぜひあなたには、部下の現状維持バイアスを外すマネジメントを実践していただきたいと思っています。

部下の「現状維持バイアス」を外し、大きな成果を上げた事例

ここで、上司のおかげで私自身が現状維持バイアスを外し、大きな成果を手に入れた経験を伝えさせてください。

私は、前職は営業職という肩書きだけでコンサルティング会社に転職しました。当然、知識、経験などはありません。

上長からは、「滅私奉公のつもりで、イチからスタートする覚悟で仕事をしなさい」と言われていました。

当然何もわからないため、初めは上司のかばん持ちからスタート。ようやく、仕事の内容をおぼろげながら理解したころに、上司から次のように伝えられました。

「この仕事をするには、多くの人の前で話をして評価を得ることができなければなりません。当然、知識と経験の積み重ねがないとできないことではありますが、知識と

経験を積み重ねないとスタートできないということであれば、いつまで経っても仕事になりません。

そこで、今から1年間で50回のセミナーを開催し、講師をすることをミッションとします。セミナーの参加人数や評価は問いませんが、必ず1年間で50回はやり遂げてください」

と言われたのです。

当然、それまでの営業職で複数人を相手に商談は行なったことはありましたが、セミナーを開催して講師として参加者に話をすることなど経験したことはありません。

上司や先輩のセミナーやコンサルティングセッションを何回か見ていたので、やるべき姿は想像できても、自分が講師をするとなると、何をどうやったらいいかわからず、とにかく不安を覚えました。

とはいえ、32歳での転職です。

「ここでダメなら、このあとがない」という思いもあったため、上司の指示を受け入れ、セミナー50回開催を承諾しました。

セミナーのコンテンツについては、会社の中にノウハウがあるため、話をする内容はすぐに準備できましたが、私には決定的な問題がありました。

それは、大勢の人の前で話をするということが、何よりも苦手だということです。

セミナーで話す内容をすべて文章に落とし、その内容を暗記して、何とか話をすることができましたが、複数の人を前にして、こちらが一方的に話をすると、物言わぬ相手の表情が気になり、緊張が高まり、次の言葉が出てこなくなります。

最初の数回のセミナーで、私は完全に自信をなくしてしまいました。

そして、セミナーを開催すると、さらに、私の自信の崩壊に追い打ちをかける出来事がありました。

それは、セミナーなら当然存在する、アンケートの存在でした。

セミナー終了後のアンケートには、5段階のセミナー評価記載欄がありました。

「5　大変参考になった」「4　参考になった」「3　普通」「2　あまり参考にならなかった」「1　まったく参考にならなかった」という項目です。

多くのセミナーでは評価がいまいちでも、参加者の多くは最低「3　普通」はつけてくれるようですが、私の場合はそうはなりませんでした。

20人が参加したセミナーでは、「3　普通」をつけてくれる人は1割程度で、残りの参加者は「2　あまり参考にならなかった」「1　まったく参考にならなかった」をつけていたのです。

その結果を見て、完全に自信を失いました。

自分なりに準備しているにもかかわらず、まったく評価を得られないため、自分を否定されているような気持ちになり、情けなくなったのです。

「現状維持バイアス」がつくる言い訳の対応法

そのような状態が続いて耐えられなくなり、上司に相談しました。

「私のレベルでは、まだまだ経験が足らず、お客様に満足していただくことができません。せめてもう少しスキルアップするまで、セミナー開催は待っていただけないでしょうか」

そうすると、上司は言いました。

「スキルアップするためにやっていることだから、評価は関係ないと最初にお伝えしたはずです。今やめたら、永遠にセミナーや人前でファシリテーションする力は身につきません。どうすればいいかの相談はいくらでも受けますが、この取り組みをやめることは決してありません。これができないなら、この仕事であなたが成果を出すことは今後ありません。絶対にやりきってください」

当時、「なんと厳しいのか」と思いましたが、セミナーを続けるしかありませんでした。

初めの数回は、上司と共催セミナーを行ない、集客やセミナー企画も協力してもらうことができましたが、その後は自分でセミナー企画を立て、集客やパートナー企業との共催を取り付ける必要がありました。

そのため、単純にセミナー講師をしていればいいという状況から、セミナーを50回開催するまでのハードルがさらに高くなりました。

そこで私は、商工会議所やパートナーになるであろう共催候補企業にテレアポし、セミナー開催の企画を提案し続けることにしました。

毎月１００カ所に連絡していると、ありがたいことに興味を持っていただける先が数件出てきました。

ただ、当時の私はお金をもらってセミナーをすることはできないため、共催先とセミナー企画の打ち合わせはするものの、セミナー参加費は当然無料で、会場費用もかかります。

　そして、セミナー共催先とは、電話とメールだけのやりとりだけで開催まで持ち込むことができないため、面談打ち合わせも行ないます。

　私は名古屋本社に所属しているため、名古屋だけでは共催先が必要数見つからず、東京、大阪などの遠方にも共催を交渉する必要がありました。

　その結果、私は仕事をしながら、お金を稼ぐどころか、動けば動くほどコストが発生する、給料泥棒以上の存在になっていました。

　その結果、まわりからは、直接、間接を問わず、次のような声が聞こえるようになりました。

「みんなが一生懸命働いて確保している利益を、あいつは何の利益にもならないことで食いつぶしている」

　そのようなことを聞くととても苦しくなり、セミナー企画を進められなくなってしまいました。

上司の徹底的な壁マネジメント

年50回の開催ということは、月４回以上、ゴールデンウィークやお盆、正月に開催できないことを考えると、週１回の開催では足りません。ところが、その当時は約１カ月間、セミナーが開催できていませんでした。

しかし、その状態に気づいた上司から呼び出され、次のように言われたのです。

「最近、セミナーできてないですね。50回開催する計画はどうなったのですか？　このままでは達成できないですよね」

そこで、私はこう答えました。

「今やっていることが会社に貢献できていないことがとても悔しいのです。何でも構いませんので、１円でも利益になる仕事をさせていただけないでしょうか？」

しかし、上司はこう答えます。

「まわりがどう言っているかは関係ありません。利益のことは私たちの責任ですから、あなたは気にしなくても大丈夫です。私は、あなたがこの先、この会社で利益を生み出す上で絶対必要なことのために、ミッションを出しています。

あなたが、50回のセミナーができない場合には、それに応じた評価を下さなければなりません。あなたに指示し、評価するのは、私の仕事です。ですから、まわりの声を気にすることなく、必ず達成してください」

また、苦しい状態に身を置き続けることになりました。

セミナーを繰り返しても、参加者の評価は低いままで、まわりの目が気になります。それでも、その状態を続けなければならず、セミナー前日はいつもほぼ徹夜で原稿を読んで練習し、セミナー開始1分前までそれを読み続けていました。

当時、このミッションを続けている間は、本当に苦しい感情がなくなることはありませんでした。土日の休みにも家族とは時間を共にせず、書籍での学習やＤＶＤセミナー教材からの勉強に時間を費やし、常に
「どうしたらセミナーでいい評価が取れるのか？　どうしたら、安定してセミナー開催が行なえるのか？」

そればかりを考えていました。

当時の私の状態を知る妻は、「このままの状態が続くと、いつかこの人は死ぬので

はないか」という不安を持っていたようです。

そして、何度も逃げようとして、そのたびに上司に引き戻される。そのような状態をずっと繰り返していました。

最後の月は、足りない開催数を埋めるために、1カ月で8回のセミナーを行ない、ついに50回のセミナー開催を達成しました。

50回のセミナーをやりきった満足感はすばらしいもので、上司も自分のことのようにその達成を喜んでくれました。

「現状維持バイアス」を外した成果

そして、50回のセミナー開催を達成したころから変化が生まれ始めたのです。

まず、このミッションを始めたころは、セミナー開始ぎりぎりまで原稿をチェックしていた私が、1分前まで別のことをしていても、すぐにセミナーを始められるようになりました。

当然、毎回徹夜して原稿を書き起こすこともなくなり、ポイントをまとめておくだけで、当日すらすらと話ができるようになりました。

受講者の顔を見てもまったく動揺することがなくなり、話をしながら、受講者の表情や空気を感じ、話の内容を変えることもできるようになっていったのです。

一番苦しんでいたアンケートの結果も大きく変わってきました。

当初は、参加者のほとんどが不満を持っていた評価は大きく変わり、9割以上の人に最高評価の「5　大変参考になった」をつけていただけるようになりました。そして、5回に1回ぐらいの頻度で、受講者全員が「5　大変参考になった」をつけるパーフェクト評価をいただけるようにもなりました。

社内で最高評価をもらえるセミナー講師になったのです。

アンケートのフリーコメント欄に、当初は、「今日のセミナーの内容はすでに知っていることばかりで、全然参考にならなかった」と書かれ、低い評価だったのが、「今日のセミナーの内容のことは知っていたが、やはり大事なことなのだと改めて気づかされた」というコメントとともに、高評価をいただけるようになったのです。

私が、セミナーで話をしていたコンテンツの軸は、スタートしたころからあまり変わっていませんが、相手の反応はびっくりするぐらい変わりました。

この経験で、自分が苦手にしている新しい事柄であっても、必要な行動を習慣化することによって、成果につながるということを強く理解しました。

今では、セミナー、研修、コンサルティングセッションは5年後までのスケジュールが埋まっており、人前で話をする機会は年間２００回を超えるようになりました。

当時のような緊張感はまったくなく、自分の得意分野のテーマであれば、5分前に「『○○』のテーマで、1時間話をしてください」と言われても、まったく問題なく講義をすることができるようになりました。

1年間ミッションを続けていた期間の苦しみは、今思い出しても辛く苦しいものですが、そのミッションをやりきることがなければ、今の自分を手に入れることはできなかったと確信しています。

苦しみ続けているときには、上司に疑問を感じ、「なんで助けてくれないのか」という感情を持つこともありましたが、今となっては、感謝以外の何ものでもありません。

上司は、私が何も経験のない状態で、この会社に入った際に、身につけなければならないことが何なのかをわかっていました。

当然、私が苦しんでいることなど十分理解していたはずですし、苦しんでいる私を見て、心配もしたでしょう。

しかし、未来の状態を考え、私が組織内で成果を出すために必要なことを身につけさせるために、私のミッションに介入し、セミナーができないという望ましくない行動を壁となって、強制的に望ましい行動ができるようにマネジメントしてくれていたのです。

指導される側は、どんなに意味を説明されても、納得して実行することはない

この経験は、とても重要な指針となっています。

指導される立場の人間は、新しい取り組みを行なう中で、不安や苦しみを感じているとき、どんなにその意味を上司から説明されても、納得して実行することなどありえません。

そのことを、私はこの経験から理解しています。

そのため、上司は、部下や組織の未来の状態を見て、今この場で部下が苦しんでいることをそのまま緩和していいものかどうか、判断できなければなりません。

そして必要であれば、今部下が苦しんでいたとしても、それができるようになるまで、苦しい状態に身を置き続けさせなければならないことが、時には必要になります。

そのため、**上司は、絶対に自分の感情がブレてはいけない**のです。

部下の苦しみの訴えは、当然、上司の感情を揺さぶります。

「これ以上苦しい思いをさせて、大丈夫だろうか?」

と疑問を持つこともありますが、本当に相手のためを思うのであれば、未来の状態を見据えて、時に厳しい指導になったとしても、達成できるようにさせてあげなければなりません。

そのような指導は、結果的に**上司が任される組織の成果に貢献する**ことになります。

そして何よりも**部下の人生に、安全安心の状態を提供する**ことになります。

しかし、多くの支援にかかわると、本当はできなければならないことができていない状態にもかかわらず、部下の反発や苦しみに敏感に反応し、必要なことができないまま放置しているマネージャーがたくさんいます。

当然、コンプライアンスの域を超えてしまうような行き過ぎた指導を推奨するものではありません。

ただ、部下指導で上司の感情が揺らいでしまうと、本当に必要なものが手に入らなくなります。

このように書くと、部下の気持ちなど関係なく、強制的に指導しなければならないと考えられるかもしれませんが、決してそうではありません。

できるようになるまでの途中過程のことを、部下は経験したことがなく、また想像もしていないのですが、**部下は、成果の出る必要な行動ができるようになりたいと望んでいる**ものです。

しかし、できるようになるまでの途中過程は、必ず必要になるものです。

だからこそ、上司は感情を動かさず、部下ができるようになるまで指導し続けなければならないのです。

ルールを守らせる「介入ルール」は、マネージャーのルール

壁マネジメントで行動ルールの設定ができたら、次は**設定したルールをやりきらせるためのルール設定**をします。

多くの組織で決めたルールをやりきれない状態が放置されていますが、その理由は、部下の能力が低いからでも、部下の性格が悪いからでもありません。

理由は、マネージャーがルールを守らせていないからです。

多くのマネージャーがルールを設定しても、指示だけで終わってしまっていることはすでに解説しました。

では、「ルールを守らせるために具体的に何をしなければならないか？」について詳しく解説していきます。

ルールを守らせるためには、**ルール設定した行動がルールどおりに行なわれているかどうか、マネージャーが漏れなく確認する必要があります。**

ここで言う「漏れなく」とは、ルール設定した行動についてのみ対象とします。

すべての行動を見ることは当然できないので、ルール設定したことについては必ず漏れずに確認します。

なぜ漏れないようにするかというと、「ルールどおりやらなくてもよかった」という状態を繰り返し体験すると、部下はやらなくてもいいということを当たり前にしてしまうからです。

そうさせないために、ルール設定した行動については、漏れなく確認する必要があり、マネージャーが行なう確認行動をマネージャーのルールとしてやり続ける必要があります。

部下の行動に介入するマネージャーのルールを**「介入ルール」**と名づけています。**「壁マネジメント」では、「行動ルール」と「介入ルール」をセットで運用することが必須**です。

「介入方法」の3種類

では、どのように介入ルールを設定すれば、設定した行動ルールに対して、漏れずに介入することができるのでしょうか？

部下に設定した行動ルールを漏れないように介入するためには、**3つの介入方法を合わせて、複合的に介入を行なう必要があります。**

①リマインド型介入ルール

1つ目の介入方法は、リマインド型の介入です。

リマインドとは、部下が行動する前の段階で、ルール設定した行動を実行する予定になっているか？　行動する準備ができているか？　について**事前に介入**します。

そもそも、ルールを守らない部下は、行動しなければならない状態であっても、言われるまでやろうという意識を持っていません。

「結果、できませんでした。次はやります」と言ったとしても、いつもやるべきときにやろうとすら考えていません。

そもそも新しく設定した行動は、いつもの行動と違い、現状維持バイアスが働くわけですから、なおさら「行動しよう」という意思は働きづらくなります。

そのため、**行動しなければならないタイミングの少し前にリマインドさせる介入**が必要です。

「今日、機械整備の期限だよね。作業準備はできているか？」というリマインドを朝礼で介入することで、やるべきときに行動しないという状態を防ぐことができます。

②アフター型介入ルール

アフター型の介入は、多くのマネージャーが行なっている**事後確認**です。

つまり、「結果はどうだったか？」という確認です。

一番効果的な介入は、**リマインド型介入で確認した内容を再度、アフター型介入で確認する**方法です。

朝礼で確認した行動を夕方できたかどうか、ルール設定した部下の行動を介入ではさむような形で確認することによって、より行動をやりきらせる可能性が高まります。

③累積型介入ルール

そうは言っても、忙しいマネージャーですから、介入が毎日漏れずに実行できるかと言うと、難しい場合もあります。

その場合をリカバーして漏れなく行動に介入するための方法が、「累積型の介入」です。

累積型の介入は、**行動できたのか、できなかったのかのデータをつけておき、累積したデータを振り返って、設定した行動ルールについて漏れなく介入**します。

例えば、こんな感じです。

「あなたに設定したルールは、毎日17時に帰社することです」

↓月曜日はできました。

↓火曜日はできました。

↓水曜日はできませんでした。

↓木曜日はできました。

↓金曜日はできませんでした。

本来このルールは毎日守るべきものです。

しかし、水曜日と、金曜日はできませんでした。「来週はすべてできるようにするために一緒に考えましょうか？」

このような形で、累積データをもとに、漏れなく行動ルールに対して介入する方法です。

◎リマインド型介入
◎アフター型介入
◎累積型介入

以上3つの介入ルールをすべて設定して、マネージャーが部下の行動をチェックすることで、設定した行動ルールに関して、漏れなく介入することができます。

重要なことは、この3つの介入スケジュールをマネージャーが設定して、運用することです。

行動ルールは、介入ルールとセットで初めて機能しますので、マネージャーがめん

部下の行動に漏れなく介入するために

マネージャーがやるべき「介入」の3つの種類

リマインド型介入	部下が行動する前の準備に介入
アフター型介入	部下の行動結果に対して介入
累積型介入	部下の行動結果累積データを元に介入

この３つの介入方法を複合的に活用し、マネージャーの行動スケジュールに落とし込む。どれか１つでも欠けてはダメ。

どうくさがっていたら、ルールを守らせることが難しくなります。

少々めんどうな部分があったとしても、漏れなく介入することで、部下や組織が望んだ行動をしてくれることが重要です。

行動ルールを設定した際には、この3つの介入ルールを設定し、漏れない介入を実行することで、部下に行動をやりきらせることにつながります。

行動分析学から見いだした、部下の行動を変える「フィードバック方法」

ここまで、正しい「行動ルール」の設計方法と、行動を守らせるための「介入ルール」の設定方法について説明しました。

次は、部下の行動を変えるためのマネージャーのフィードバック方法について解説します。

設定したルールに対して漏れなく介入したとしても、介入時に部下がルールを守っ

ているとは限りません。

もし部下がルールを守らない行動をとったとして、介入の際にただチェックして終わりでは、当然、部下の今後の行動は変わりません。

次の行動は、ルールを守る「望ましい行動」に変化してもらう必要があります。また、介入した際、ルールを守ったのであれば、その行動を引き続き継続してもらう必要があります。

そのような行動変化をつくるために、「壁マネジメント」では、**行動分析学を応用したフィードバック方法**を設定し、部下に対して実践します。

行動分析学は、動物のトレーニングや発達障害の方の教育現場で活用される学問です。

実際には、大学で数年かけて単位を取って学ぶ学問ですが、基本的な言葉を理解すれば、「壁マネジメント」で実践する行動分析学の内容を十分取り扱うことができます。

「壁マネジメント」で使う行動分析学6つのキーワード

「壁マネジメント」で使う行動分析学の言葉は、次の6つです。

◎好子（こうし）
◎嫌子（けんし）
◎出現（しゅつげん）
◎消失（しょうしつ）
◎強化（きょうか）
◎弱化（じゃくか）

この6つの言葉を理解し、部下へのフィードバックに活用することで、部下の行動を変えることができます。

それでは、それぞれのキーワードについて詳しく解説していきます。

◎好子

「好子」とは、学問的に説明すると、行動の直後に出現すると、その行動の将来正起頻度を上げる刺激、出来事、条件を表します。

わかりやすい例としては、水族館でのイルカのショーをイメージしてください。

イルカが芸を行なった際に、トレーナーは必ず魚を1匹あげます。

イルカはそこでもらう魚を糧に生活しているわけではありません。他にもちゃんと餌をもらっているのですが、正しく芸を行なった行動の結果、ご褒美として1匹の魚をもらえるのです。

その1匹の魚のご褒美が「好子」です。

行動した結果、「好子」をもらうと、その行動を繰り返すようになるのです。

つまり、部下に、好子となるフィードバックを与えることで、行動を繰り返すようになるというわけです。

行動を繰り返すようになることを**「強化」**と言います。

◎嫌子

「嫌子」は、「好子」の逆です。行動の直後に出現すると、その行動の将来正起頻度を下げる刺激、出来事、条件を表します。

イメージとしては、ペナルティや罰と感じるものです。

部下に「嫌子」のフィードバックを与えることで、行動を繰り返さなくなります。

行動を繰り返さなくなることを **「弱化」** と言います。

残りの2つのキーワードは以下のとおりです。

「出現」 は、「好子」「嫌子」が現われることを表します。

「消失」 は、「好子」「嫌子」が消えてなくなることを表します。

行動分析学的視点からの「4つの行動変化」パターン

壁マネジメントでは、以上、紹介した６つの言葉を使って、４つの行動変化をもたらす状態を表します。

①好子の出現による行動の強化

部下の行動に対して漏れなく介入し、部下がルールを守る望ましい行動をとった場合には、必ず「好子」を出現させるフィードバックを繰り返せば、ルールを守る行動が「強化」される。つまり、ルールを守る行動を繰り返すようになるということです。

②嫌子の出現による行動の弱化

部下の行動に対して漏れなく介入し部下がルールを守らない望ましくない行動をとった場合には、漏れなく「嫌子」を出現させるフィードバックを繰り返すことで、ルールを守らない行動が「弱化」します。つまり、ルールを守らない行動を繰り返さないようになるということです。

③好子の消失による行動の弱化

部下がルールを守る望ましい行動をとったにもかかわらず、部下の行動に対する介入が漏れて、フィードバックで本来出現させるべき「好子」が消失することを繰り返したために、ルールを守る行動が「弱化」します。つまり、ルールを守る行動を繰り返さないようになるということです。

④嫌子の消失による行動の強化

部下がルールを守らない望ましくない行動をとったにもかかわらず、介入が漏れてしまい、フィードバックで本来出現させるべき「嫌子」が消失することを繰り返したために、ルールを守らない行動が「強化」します。つまり、ルールを守らない行動を繰り返すようになるということです。

ルールを形骸化させず、継続させるための重要ポイント

以上の4つのパターンを説明しましたが、「壁マネジメント」では、漏れずに介入

ルールの形骸化を防止

行動分析学を使ったフィードバック法

刺激や出来事＼変化の種類	出現	消失
①好子	③強化（↑）	④弱化（↓）
②嫌子	④弱化（↓）	③強化（↑）

必ず漏れずに「好子」「嫌子」を発生させるフィードバックを行なうのが重要。

した際、ルールが守れていたら「好子」を発生させるフィードバックを行ない、ルールが守れていなかったら「嫌子」を発生させるフィードバックを行ないます。

大事なことは、必ず漏れずに「好子」「嫌子」のどちらかのフィードバックを行なうことです。

フィードバックすることを怠ってしまうと、ルールを守る望ましい行動をとったにもかかわらず、「好子」を消失させる状態をつくり出してしまいます。

そうすると、せっかくルールを守る行動をとったにもかかわらず、望ましい行動が弱化してしまい、望ましい行動を繰り返さなくなります。

そして一番の問題は、ルールを守らない望ましくない行動をとったにもかかわらず、「嫌子」を消失させてしまうことです。そうすると、ルールを守らない望ましくない行動を強化することになり、ルールを守らない行動を繰り返すようになります。

多くの組織では、ルールを設定して、ルールを守ったとしても、マネージャーが「好子」を出現させていません。そのため、ルールを守っていた人も、好ましい行動を繰り返さないようになってしまいます。

また、**ルールを守らない状態を見逃してしまっているため、「嫌子」が消失してし**

まい、ルールを守らない状態を繰り返すようになってしまうのです。

ルールを設定しても、いつの間にかそのルールが形骸化し、気がつくと誰もルールを守っておらず、ルールが消えてしまっているという話をよく耳にします。

ルールが続けられない組織の要因は、マネージャーのかかわり方にあることが、行動分析学を用いるとよくわかります。

そのため、「壁マネジメント」では決めたルールに関しては、必ず漏れずに介入することが絶対必要だとお伝えしています。

その効果は絶大で、壁マネジメントを実践しているマネージャーの組織では、介入することをやめない限り、いつまでもルールが機能し続けています。

このことは、漏れない介入ルールをマネージャーが運用し続けることが、部下に行動をやりきらせる上で重要なことを物語っています。

「ライザップ」と「壁マネジメント」の共通点

「壁マネジメント」と同じようなマネジメント手法で成果を出しているトレーニング法

があります。

それは、ＣＭでもおなじみのライザップで行なわれているボディメイクのマネジメント手法です。

ライザップはＣＭで宣言しているとおり、ボディメイクにおいて結果にコミットしています。しかも、短期間で確実に結果を出すことに定評があり、ＷＥＢ上で検索しても、疑わしい評判はありません。

それは、減量とボディメイクにおいて成果を出す絶対的な原理原則を用いているからです。

私自身、数年前に2カ月で20キロの減量に成功しています。そのときに実行したのは、ライザップではありませんが、ライザップと同じ原理原則を理解している、友人のパーソナルトレーナーから伝授された絶対に成功するダイエットの手法です。

その方法は、食べる量を減らし、運動することで、代謝に必要なエネルギーを脂肪からつくり出し、また脂肪燃焼することで、体重を減らすというごくごく当たり前の方法です。エネルギー代謝量を科学的に計算して、そのとおりになる摂取カロリー量と運動を実行するというものでした。

はっきり断言できますが、二度と同じことをやりたいとは思わない、過酷な行動計画です。

ライザップのすごいところは、この行動計画を達成させるパーソナルトレーナーのマネジメントにあると私は考えます。

そして、結果を出すまでの流れの中に、壁マネジメントと同じ要素が盛り込まれているので、過酷な行動計画であっても、多くの人がやり遂げられるのではないかと考えます。

壁マネジメントの要素の一番初めに設定するものが、**「行動ルール」**です。

ライザップでも同じように、トレーナーと実践者の間で、行動ルールが設定されるようです。

毎日の食事は、その人に合わせたカロリー計算に基づいた食事を摂ることをルール化して設定されます。そして、**摂取する食事については、毎回写真を撮ってスマホで、トレーナーに送るというルール**があります。

写真をメールで送るというルールを実行しない場合、返金制度が適応されないという誓約も書くそうです。この約束が崩れると結果が出ないので、当然だと思います。

この写真を送るというルール設定によって、**提出された写真メールに対して、トレーナーが漏れなく介入**します。

ダイエットでは、運動以上に食事が重要になるので、食事に対して漏れなく介入することは、とても大きな効果が期待でき、これは「壁マネジメント」と共通する部分です。

当然、そこでカロリーを多く摂っていれば、ダメだという「嫌子」のフィードバックをするでしょうし、正しいカロリー計算による食事が摂れていればOKという「好子」のフィードバックをトレーナーが返す仕組みになっているわけです。

また、短期間に急激なダイエットをすると、自然にとても強い「好子」や「嫌子」が発生する状態に突入します。

短期間の減量に合わせた食事と運動を行なうと、1週間もすればすぐに体重の変化が出始めます。

そして、体重の変化は、他人の褒め言葉など比べものにならないぐらいの「好子」「嫌子」となって、行動に作用し始めます。

正しい行動を行なうと、毎日のように、300グラム、500グラムと体重が下がっていきますので、体重が下がっているという状態が圧倒的な「好子」として働き、行動が「強化」されます。

そして、体重が変化しない、少し増えてしまったという状態が圧倒的な「嫌子」として作用して、今日と同じ行動をとらないという、行動の「弱化」につながります。

ある程度進んでいくと、体重の状態に合わせて自ら「好子」「嫌子」を発生させるスパイラルに入るので、どんどんのめり込んでいきます。

その状態になると、食事をすることが怖くなり、もっと運動しなければならないという意識が強くなります。

ある意味、洗脳状態とも言えそうな、結果に向かって行動する脳の状態ができあがるわけです。

初めの10日間を超えると多くの人がそのような状態になりやすいので、あとは、トレーナーは無理をさせないようにコントロールすることに気をつければ、おのずと結果が出るという流れです。

行動ルールの設定、トレーナーの介入、「好子」「嫌子」による行動改善の共通点がライザップのトレーニングの中には入っており、再現性を持ったボディメイクのメソッドとして、結果にコミットできるのだと考えます。

ダイエットとビジネスの違い

ただ、ダイエットの場合には、「これをやれば、確実に結果につながる」という行動が確立されていますが、ビジネスの場合には、「これをやれば、絶対に成果が出る」という方法はありません。

しかも、過去に成果の出ていた行動が、今、その行動では成果が出なくなることがあります。

他にも、

◎市場が変われば
◎世の中のトレンドが変われば
◎法律が変われば

◎社内のメンバーが変われば
◎ライバル会社の取り組みが変われば

といったさまざまな要因で成果を出すための行動は、**常に変化していく**ものです。

重要なことは、ビジネスの背景がどのような状態になったとしても、成果の出る行動を導き出し、その行動をやりきらせ、行動を継続させて、得られる成果によって、組織のミッションをクリアさせることがマネージャーには求められます。

壁マネジメントは、あなたが期待する行動を部下に実行させることができるマネジメント手法です。

しかし、その手法を応用することで、**組織に必要な成果を導き出すフレームとしても活用することができます。**

「絵に描いた餅」だった経営計画を動かす方法

――「壁マネジメント」の応用①

多くの会社では、中期経営計画、3カ年計画などの経営計画を立てますが、そのほとんどが計画どおり達成することはありません。

その理由は、多くの計画が数字を細分化して配分する計画にとどまっているからです。

数字上の計画は、会社全体の利益目標を軸に、それぞれのセクションや個人にまで細分化して落とし込まれます。

細分化された数字上の計画は、一見すばらしい計画のように見えますが、どれだけ細分化しても、そのようにしてつくられた計画のほとんどが絵に描いた餅になってしまいます。どれだけ数字を細分化して分解しても、そのやり方ではどこまでいっても目標を設定していることにしかならないからです。

壁マネジメントを経営計画に導入する

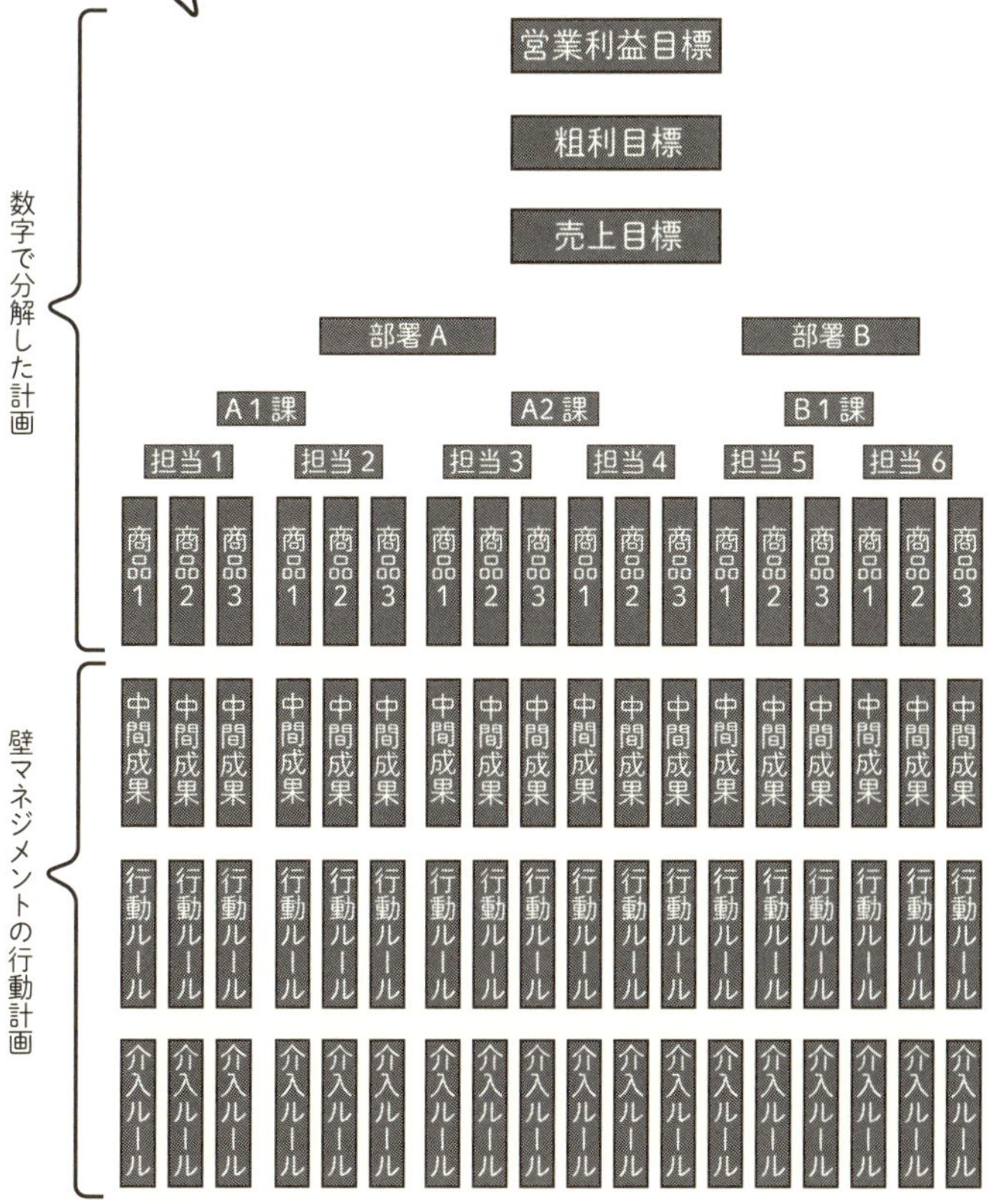

数字で分解した計画に、「中間成果」「行動ルール」「介入ルール」をそれぞれ落とし込む。

前ページの図をご覧いただくと、計画は担当者の販売する商品構成にまで細分化されています。

担当者には、「商品1を5000万、商品2を4000万、商品3を1000万個販売して、1億円の売り上げをつくりなさい。それがあなたの計画です」と言ってミッションを与えるわけです。

しかし、**細分化し、数字上配分した計画のみを与えるのは、指示だけしかしない指示だけマネージャーと同じ**ことです。

しかし、ここに壁マネジメントの行動計画を追加すると、数字上配分された計画を達成するための行動が盛り込まれます。商品1を5000万売るための中間成果を設定し、その中間成果を達成するための行動ルールに落とし込み、その行動ルールをやりきらせるためのマネージャーの介入ルールまで行動計画に落とし込みます。

数字上配分された目標計画を実現するためには、その目標を実現する行動が必要となる「V（成果）＝B（行動）」の考え方です。

いつも計画倒れになっている経営計画から脱却するには、目標を配分するだけでなく、配分した目標を達成するための行動までを計画しなければなりません。

しかし、その行動を現場のマネージャーがやりきらせることができなければ、結局計画倒れになってしまいます。

そうならないためには、マネージャーには、部下に計画した行動をやりきらせる技術が必要になります。「壁マネジメント」を会社の全ミドルマネージャーに導入すれば、経営計画を達成させることができます。

「壁マネジメント」を人事制度に導入する方法

――「壁マネジメント」の応用②

壁マネジメントを人事評価制度に取り入れることで正しい評価が行なわれ、成果につなげている企業があります。

人事評価制度の多くが、「定量評価」と「定性評価」の合計でつくられていますが、私が見てきた人事制度の定性評価部分のほとんどが、あいまいな表現で文章化されており、上司が部下を評価する際に、点数をつけにくいものになっています。

例えば、

「積極的に仕事に取り組んでいる」
「まわりと協力して仕事を進めている」
「最後まであきらめずに行動している」
「業務スキルを向上させる努力をしている」

といった内容の定性評価項目がある場合、上司が部下の過去の行動を振り返って、感覚で評価をつけてしまいます。

また、このような定性的な評価は、マネージャーそれぞれによってつける評価が変わってしまうケースがあります。マネージャーによって、A評価をつけるか、B評価をつけるかという部分が感覚になってしまいます。

また、このような評価項目について、頻繁に上司が確認してジャッジしていればまだ確実性がありますが、多くの組織では、年2回の評価査定の際に思い出したように確認するだけで、普段から意識してチェックし、項目に対して評価を上げるために指導することはなされていません。

結果、評価項目は形骸化し、何となく評価査定されているケースがほとんどです。

営業組織やマネージャーの評価に関しては、それぞれに設定された数字目標やミッションの達成により評価されるため、評価がわかりやすいのですが、数字での評価項目がないセクションでは、どうすれば高い評価になるのかわからず、いつになったら、昇進するのかが不明確な評価制度が運用されていることが多くあります。

壁マネジメントを人事評価制度に取り入れると、そのような悩みは解消されます。
壁マネジメントを人事評価制度に連動させる場合には、壁マネジメントで設定した「行動ルール」の実行履歴と成果履歴をデータ化したスコアリングシートの内容を中心に評価を行なうため、必要な行動ルールに対して、どれだけ実行できたかどうかで評価します。

そうすることで、年2回行なう評価面談でも、「どうだったっけ？」ということはありません。成果を出すために決めた行動をやりきったかどうか、その行動をやりきった結果、成果につながったかどうかということが、すべてスコアリングデータとして残っているので、**感覚に頼ることなく評価することができます。**
そうすることで、人によって評価が違うということもなくなります。

評価を行なうまでの期間についても、「この行動をやりきらないと、評価できないぞ」と途中の段階でも、訂正して指導ができます。

部下も何をやれば評価されるのかがわかるので、必要な行動を意識することができるようになります。

マネージャーの人事評価を的確にするメソッド

また、マネージャーの評価についても、壁マネジメントを用いることで、正しく評価できるようになります。

マネージャーの仕事は、組織内のリソースを用いてその組織に求められる成果を出すことです。求められた目標を達成できたかという最終成果は当然評価対象ですが、市場の環境やメンバーの構成によってたまたま成果につながっただけで組織に対してどうかかわり、成果に導くことができたかについて評価されなければ、マネージャーとしての機能を果たしているとは言えません。

マネージャーに対する評価は、まず必要な行動を部下にやりきらせることができたのかということが評価対象になっている必要があります。

また、組織を統率するマネジメントができているかどうかは確実に必要となり、求める評価対象です。

そして、部下に行動させるということは、当然、会社のリソースを預かって使っているわけですから、マネージャーが成果の出る行動を設定し、その結果、成果につながったかどうかを評価する必要があります。

当然、成果の出るやり方が初めから設定できるわけではないので、状態を検証し、ＰＤＣＡを回して成果に導くことができているのかどうかも評価対象になります。

壁マネジメントのスコアデータがあれば、

◎マネージャーが部下に行動をやりきらせているか？
◎マネージャーが成果の出る行動を設定できているか？
◎マネージャーにＰＤＣＡを回して成果につながる行動改善ができているか？

これらを評価することができます。

実際に、ある会社では、工場の作業担当者の定性評価対象項目を大幅に減らして、求める成果につながる行動をやりきっているかどうかの回数をカウントし、評価対象にしたところ、多くの人が行動改善を進め、全体の底上げをすることによって、大きな成果が出ました。さらに、設定した行動が継続されるようになりました。

スコアリングしたデータを使って評価すれば、あいまいな評価はなくなります。

そうすることで、汗をかいた人が、考えて行動した人が、市場や環境に頼らなくても成果につなげた人が、高く評価されます。

壁マネジメントで設定した内容を活用して人事評価制度を運用すれば、さらに行動を変えることができます。

第4章

成果につなげる「壁マネジメント」PDCA

「壁マネジメント」を自分のものにする技術

この章では、あなたが実践する「壁マネジメント」を、より強固で成果につながるマネジメントにブラッシュアップするためのPDCAサイクルの回し方をご紹介します。

ドラッカーと並ぶ権威とされる経済学者ヘンリー・ミンツバーグ博士はマネジメントを「経験の科学」と表現しています。

そして、マネジメントスキルを身につける手順を次のように伝えています。

「泳ぎを覚えるように手を動かし足を動かし、実践によって身につけていくものであり、知識習得で学習するものではない」

「壁マネジメント」手法もまったく同じです。

当然、手法を学んだだけでは意味がありません。**実践し、繰り返し改善することで、その手法が自分のものとなり、成果につながります。**

実際、私が開催する「壁マネジメント」養成コースでも、5カ月間の実践の中で、何度もＰＤＣＡを回します。

受講者それぞれのマネジメントを改善し続けることで、成果をつくり出します。

研修に参加するマネージャーのほとんどが、初めに設計した「壁マネジメント」を実践するだけではうまくいきません。

まずは、うまくいっているかどうかについて検証していきます。

「行動ルール」を決めたとおりにできているかを確認します。

行動ルールは、その行動をやりきることで、組織や部下に設定した目標を達成するだろうという仮説を立てた行動です。

その行動ルールをやりきらせない限り、正しい成果ができているかどうか検証ができません。

行動ルールを決めたとおりに全員やりきることができていない場合は、次の手順で分析して、改善を進めていきます。

決めた「行動ルール」ができていない場合の改善法①

――「時間」の確保・調整

まず、行動ルールをやりきるために必要となる「時間」が確保できているかどうかを確認します。

行動ルール設定時には想定できなかった時間の問題が発生しているかもしれません。

その場合には、**時間を確保するためのルールを検討**しなければなりません。

物理的な時間確保が可能にもかかわらず、行動ルールをやりきっていない場合には、介入に漏れがないかを確認していきます。

部下の「行動ルール」と上司の「介入ルール」は必ずセットです。

行動ルールを設定して、介入ルールを行なっていないのであれば、「指示だけマネージャー」の状態になっています。

介入が漏れているのであれば、上司の介入ルールのスケジュールを変更することや、介入回数を調整することで、漏れない介入になるように改善を進めます。

決めた「行動ルール」ができていない場合の改善法②
――タイプ別フィードバック変更

行動に対して漏れなく介入できているにもかかわらず、行動ルールが守られていない場合には、**介入時に発生している「好子」「嫌子」のフィードバックの内容を改善**します。

行動ルールに対して時間が確保できる状態で、漏れない介入ができており、それでも部下が行動ルールを守れない状態なのは、「好子」「嫌子」のフィードバックが効いていないことが考えられます。

何を「好子」としてとらえ、何を「嫌子」としてとらえるかは、個人差があります。

また、あなたが普段「このくらい」と考えている褒め方や注意の仕方が、相手にはまったく響いていない可能性があります。

その場合、相手が行動に移すまで、フィードバックのやり方を変え続ける必要があります。

ここで、よく発生する3つのタイプに合わせてフィードバックを変えていくと、次の行動が変わりやすい事例をお伝えします。

①あなたを上司として認めていないタイプ——タイプ①

これはあなたとの関係性が影響してくる可能性があります。

同期や先輩が部下になるといったケースです。

上司になって早い段階で正しくポジションを認識させることが必要ですが、馴れ合いのまま過ごしてきた期間が長ければ長いほど、同じポジションという認識からあなたを上司と認めていない状態となり、あなたのフィードバックが効かない状態になります。

その場合の改善として、**あなた以外の人から「好子」「嫌子」を発生させるフィードバックをしてもらう**ことを視野に入れることをおすすめします。

あなたが課長で年上の部下である担当者に「嫌子」が効いていない場合、累積データの内容を部長と共有し、「嫌子」のフィードバックを部長からも出してもらうようなイメージです。

課長のあなたの言うことは聞かない部下でも、部長から「君、必要なことをやってないらしいじゃないか。そこは改善したまえ」と言われれば、さすがに行動を変えるきっかけになるというイメージです。

大事なことは、自分の言うことを聞かないことではありません。

成果を出すために必要な「行動ルール」を守らないことです。

その場合には、自分の上司を使ってでも、部下の行動を変えさせるPDCAを回す改善が求められます。

②アラーム状態のタイプ――タイプ②

次によく発生する状態は、この「アラーム状態」のタイプです。

いつも言われて初めて動くタイプの部下です。

このタイプの特徴は、指示したことをスケジュールに落とし込まないことが多い状態を経験しています。

「こちらからの確認でようやく動く」ということの繰り返しに慣れてしまっているために、叱っても「嫌子」が機能しません。

そのタイプのフィードバックには、**スケジュール帳や共有スケジュールを準備して、毎回「いつやるか、スケジュールに落とし込みながら打ち合わせしようか」と言って、期限までに行なうスケジュールを事前に設定してしまう**ことをおすすめします。

また、**介入リマインドの回数を増やす**ことも効果的です。ルールを追加して、スケジュールを入れた日に、必ずメールか電話で「行動を報告しなさい」というルールを設定することも効果的です。

そうすることで、今までアラーム代わりに上司を使っていた部下の行動が変わる可能性が高まります。

③謝ることのプロフェッショナルタイプ――タイプ③

いつも謙虚に「本当にすみませんでした」という言葉を繰り返して、その場を回避しているタイプです。

身につけたそのテクニックに何度も騙されますが、結局、部下の行動は変わりません。

このタイプは、「すみませんでした」で済ませることに自信を持っています。経験上謝って解決することがてっとり早く、簡単な方法だと考えています。

このようなタイプには、**「こんなことになるなら、初めからやっておけばよかった」と思える課題を与える**ことが「嫌子」として効果的です。

「行動しなかった理由とその改善策を提出してください。そして、その改善行動の実行結果を１カ月間毎日報告してください。行動できるように改善できれば、毎日の報告は終了です」

と言えば、素直にやっておいたほうがよかったと思わせることができます。同じようなタイプの部下を持つ人はぜひ実践してみてください。

行動ルールはやりきっているが、目標を達成していない場合の改善法

――成果に合わせて行動を変え続ける

「壁マネジメント」の実践者が組織に成果をもたらす上で重要な項目が、このパートです。

部下に設定した行動をやりきらせることができても、経営上必要な成果につながっていなければ、何の価値も生み出していないことになります。

成果の出る行動を導き出すことが、現場と経営をつなぐミドルマネージャーに求められています。

先に紹介したダイエットの事例のように、成果の出る行動が明確になっていれば、何を差し置いてでも、必要な行動をやりきらせることさえできれば、求める結果につながります。

しかしビジネスでは、組織に求められた成果をつくり出す行動は、そのときそのと

きで刻々と変化しますので、うまくいく方法を初めから設定できるとは限りません。

そのため、**設定した行動ルールを、より成果の出る行動へと変化させていく必要があるのです。**

しかし、これは苦戦する部分です。

せっかくマネージャーが介入ルールをやりきり、部下の反発に耐えても、やりきるに至った行動が成果につながっていなければすぐに変えなければならないことも頻繁にあるからです。

ですが、そこで止まってしまっては、マネージャーとしての責任を果たせないわけですから、成果に合わせて行動を変え続けることを当たり前のこととして考えなければなりません。

絶対にうまくいく行動はありませんが、やりきっても目標に達成しない行動を変える場合、どう改善していくかという手順はあります。

そもそも、組織のマネージャーであるあなたに与えられたミッションは、明確になっているでしょうか？

営業マネージャーであれば、売り上げ目標の予算達成かもしれませんし、場合によっては、組織の営業利益目標達成があなたのミッションかもしれません。工場長であれば、決まった生産量の達成があなたの役割かもしれません。

マネージャーには、決算という期限までに与えられた経営上の役割を果たすことが求められています。

行動は、その役割を達成するための方法です。

ルール設定した行動の結果が、あなたに求められた目標の達成につながっていれば問題ありませんが、求められた役割は、たった1つだけ設定した行動ルールで達成することはほとんどありません。

何度も何度も行動設計と実行、そして検証を繰り返し、組織に与えられた役割を果たすまで組織がやるべき行動を導き続けていきます。

「行動ルール」を改善するときの3つの方法

壁マネジメントの設計では、行動ルールを設定する際に必ず行動した結果得られると仮説を立てた中間成果の目標を設定しています。

例えば、「50件のお客様に提案を行なうことで、10件の見積もり獲得を目標にする」といった内容です。

まず確認すべきことは、行動をやりきった結果、中間成果として設定した10件の見積もりを獲得することができたかということです。

もし獲得できていない場合には、次の3つの手法を組み合わせて、より成果につながる行動ルールの改善を行ないます。

①行動ルールの量的改善。
②行動ルールのブラッシュアップ。
③行動ルールの追加。

「①行動ルールの量的改善」の考え方は簡単です。

50件のアプローチを行なった結果、8件の反応しか得られなかったため、次回は70

件のアプローチを実施して量を増やすという考え方です。

ただ、単純に量を増やすことができる場合には、まずその方法で行動を変えればいいのですが、量を増やすことができないケースもあります。

月の稼働時間を考えると、活動時間を確保できない場合や70件のアプローチ先がない場合があります。

そのような場合には、**「②行動ルールのブラッシュアップ」**の方法で解決できないかを検討します。

50件のアプローチ量を変えずに行動ルールの内容をカスタマイズすることで、10件の見積もりを獲得する中間成果をつくり出せないかと考えます。

例えば、50件へのアプローチの際には、「必ず商品紹介の動画を見せた上で見積もり作成の投げかけを行なう」というようなルールに変更します。

行動ルールの量は変えずに、より成果につながる可能性のある行動にブラッシュアップすることを、次のステップで考えるわけです。

それでも10件の見積もりが獲得できないのであれば、元々設定していた50件のアプローチに合わせて、**「③行動ルールの追加」**設定を行なって、中間成果の目標を達成させます。

私のクライアント先でも、さまざまな形で中間成果の目標達成するための行動ルールの追加設定をしてきました。

週に1回組織全体でロープレ大会を開催し、改善した提案の方法で再度提案を進める取り組みを実践して、成果を出したマネージャーもいました。

また、50件のアプローチの際に、10件の見積もり獲得の手前に中間目標を設定し、自社の技術担当者同行での提案承諾を得ることを目標設定したマネージャーもいました。

10件の見積もり獲得を進めるために、必要となる最適な行動ルールを導き出すために、

①行動ルールの量的改善
②行動ルールのブラッシュアップ
③行動ルールの追加

のいずれかの方法で、行動ルールを成果につながるまで改善し続けます。

ここで、注意したいことがあります。

中間成果が出ていないにもかかわらず、行動ルールを変えずに行動させ続けるということはやめてください。

成果が出ていない行動をさせ続けるのは、リソースの無駄であり、部下の不安感が高まるからです。

しかし多くの組織で、中間成果の目標が出ていないにもかかわらず、同じ行動ルールをやり続けさせているケースが見受けられます。

そのままの行動ルールを変えずにやり続けても、中間成果を達成することはまずありえません。

うまくいかないことのPDCAを自分では回せないワケ

中間成果を出すことができない部下は、行動ルールを改善しない限り、また変えない限り、成果につながらない――。

その大きな理由は、**うまくいっていないことに対して、PDCAのPDCまでは進められても、最後のAの部分を設定することができない**からです。

過去に成果を出した体験があることであれば、問題に対して最適な改善策を設定することができますが、過去の体験の中でうまくいっていないことに対して、自分の過去の体験をベースにして改善策を考えても、自分の考えられる範囲の思考パターンの中でしか、改善案を設定することができません。

その結果、またうまくいかないやり方を選択してしまいます。

そのため、うまくいっていないことについての改善案を自分で考えていても、成果につながりません。

中間成果が出ていないにもかかわらず、上司が行動ルールを変えないということは、うまくいっていない部下に改善を求めていることになります。

しかし、成果を出す体験がない部下は、自ら成果の出る行動が設定できず、成果の出ないままの行動を延々と繰り返すことになります。

そのような状態を繰り返さないためには、**実績を出してきた経験を持っているからこそ組織を任せられているはずのリーダー（マネージャー）が改善行動を設定する**ほうが、成果につながる可能性が高まります。

当然、マネージャーも、どうすれば中間成果につながるのかわからない場合もありますが、それでも、成果を出せない部下よりも、他人が設定する改善行動のほうが成果につながりやすいのです。

中間成果が出ているが、最終成果につながっていない場合の改善法

――成果から逆算した3つの改善手順

組織において、行動をやりきらせることができた結果、中間成果の目標が達成しているにもかかわらず、最終成果への反応がないというケースもあります。その改善法について解説します。

行動ルールを設定して、その行動を「壁マネジメント」でやりきらせることができ、さらに、行動ルールの目的とした中間成果が目標どおり出ているのであれば、組織の中での行動改革と中間成果を出すための行動を導き出すことができています。

この状態をつくり出すことができるようになっているということは、「壁マネジメント」をかなり活用することができるようになっていると言えます。

しかし、さらに上位目標である最終成果に対して中間成果が反応していないのであれば、今までのマネジメント設計を覆してでも、改善を進めなければなりません。

当然、今まで実行してきたことであるため思い入れがありますが、早い段階でその決断ができなければ、期限である決算までに与えられた役割を果たすことができません。

ですから、中間成果が最終成果につながっているかどうかについても常にチェックをする必要があります。

そして、成果から逆算した改善を進める必要があります。

改善の手順は、中間成果と行動ルールの手順とほぼ同じです。

①最終成果に基づく中間成果の量を増やす改善。
②最終成果に基づく中間成果の内容をブラッシュアップする改善。
③最終成果に基づく新たな中間成果を設定する改善。

以上3つの手順で、現在設定している中間成果の指標を、より最終成果につながるように改善します。

「①最終成果に基づく中間成果の量を増やす改善」については、例えば、中間成果として設定した「見積もり獲得件数が10件」では、最終成果である目標予算達成につながっていないため、必要な案件数を得るための見積もり獲得件数を増やす行動改善を検討して、行動に落とし込みます。

「②最終目標に基づく中間成果の内容をブラッシュアップする改善」については、現状の見積もり依頼を10件以上望めない場合、最終成果につながらないため、中間成果の目標件数である10件の獲得目標は変えず、「獲得する見積もりの内容を変える」ことで、必要となる案件を受注につなげるための改善を行ないます。

例えば、見積もり10件を獲得する中間成果の対象先を、自社が得意とする業種のターゲットに絞り込み、その対象から10件の見積もりを獲得することで、より最終成果につながるよう行動に落とし込みます。

「③最終成果に基づく新たな中間成果を設定する改善」は、10件の見積もり獲得以外の中間成果を設定し、新たな行動ルールによってその目標を達成することで、より最終成果である案件獲得を進めることができるよう、行動に落とし込みます。

以上3つの改善手順に基づき、最終成果と中間成果の反応についても、また状態についても、検証と改善を繰り返し、必要な行動を導き出す必要があります。

「壁マネジメント」PDCAを回すペース

前項目では、「壁マネジメント」の設定を改善し、組織に求められる役割を果たすための「壁マネジメントPDCA」の手順について解説しました。

◎行動をやりきるための、介入とフィードバックの改善。
◎行動結果の成果である、中間成果の目標をやりきるための改善。
◎中間成果に基づく成果である最終成果をやりきらせるための改善。

常に全体を見渡し、最終成果から逆算して考えなければなりませんが、その改善は組織の行動からしか変えることができません。

複雑に思えるかもしれませんが、実際は普段やっていることの積み重ねです。

◎行動ルール
◎中間成果
◎最終成果

それぞれの項目における成果につながっていないことを放置しないで改善し続けることです。

私が現場の研修で指導する場合には、**行動ルールに対する介入については、毎日改善するよう指導**しています。

今日部下が行動できなかった場合、明日は行動できるように介入を改善することができるからです。

中間成果と行動ルールについては、1週間ごとにその反応を見て、改善するよう指導します。

そのため、「1週間行動した結果、反応する可能性のあること」を中間成果の目標に設定してもらいます。

そのくらいのスピードで、中間成果を獲得できる行動を決めて進めなければ、時間はあっという間に過ぎ去り、気がつけば「もう手遅れ」ということなども経験しました。

さらに、成果が出ていない人に行動を意識させるためにも、1週間に1回のペースで改善させるよう指導します。

最終成果と中間成果の連動については、1カ月程度のスパンで振り返ります。

業種にもよりますが、ここはすぐに成果につながらないこともありますので、1カ月空けて振り返って改善することを指示しています。

第5章

「壁マネジメント」のスコアリング手法

感覚でマネジメントする落とし穴

マネジメント手法は、多くの権威や学者がその手法を提唱し、その有用性を説いています。

この本で紹介している「壁マネジメント」もその1つです。

世の中にはたくさんのマネジメント手法が存在するにもかかわらず、多くの人がそのマネジメント手法をうまく活用できていません。

なぜなら、マネジメントという行為そのものに正しい答えがあるやり方がなく、その時々でやり方を変え続けなければならないためです。

変え続けなければならないにもかかわらず、多くの人が感覚的にマネジメントを実践しているため、「効果的か」「効果的でないか」を正しく検証できていません。

「壁マネジメント」では、効果を判断するために、決めた「行動ルール」がやりきれているか、行動ルールをやりきった結果、望んだとおりに中間成果が発生しているか、中間成果が最終成果につながっているかを検証して、自分のマネジメントの効果を判断します。

「最終成果につながる行動が何なのか？」を導き出せていない状態では、必要な行動の改善の仮説が立てられないと考えます。

正しくマネジメントを検証するためには、データが必要になります。

この章では、「壁マネジメント」の実践を検証する上で必要になる各種データの「スコアリング手法」と「スコアリングしたデータの検証方法」について解説します。

マネジメントの状態を「見える化」する

「壁マネジメント」を実践するには、漏れずに介入することと、相手の行動を変えるために必要となる「好子」「嫌子」のフィードバックを戦略的に選択することが求められます。

壁マネジメントの設計と運用は、とてもシンプルですが、マネジメント設計をいい加減に行ない、中途半端な介入をしていたら、いつまで経っても望ましい行動をやりきることができない組織をつくっていることになります。

感覚に頼るマネジメントを行なっていると、行動ルールをやりきれているかどうか、「好子」「嫌子」のフィードバックが効いているかどうかが判断できないまま、マネジメントしていることになります。

感覚に頼らず「壁マネジメント」を実践してPDCAを回すために、必ずスコアリングシートを設計してデータをつけることを義務づけています。

そして、行動ルールの実行状態と介入状態、中間成果を含む成果との連動性について結果を残します。

あとでデータを検証して、問題のあるマネジメントの状態を見える化し、改善できるようにします。

スコアリングシートで読み取れること

次ページの図は、壁マネジメントのスコアリングシートのサンプルです。

このスコアリングシートのデータは、残業削減に取り組んだ会社のスコアリング内容です。

壁マネジメントの「スコアリングシート」サンプル

（例：残業削減に取り組んだ会社のスコアリング内容）

			月	火	水	木	金	○計	×計
部下行動	中間成果のゴール	21時退社	×	×	×	○	○	2	3
	行動ルール	17時帰社	×	×	○	○	○	3	2
マネージャー介入行動	ルールをやりきらせる行動ルール（リマインド型介入ルール）	朝スケジュール確認	×	○	○	○	○	4	1
	ルールをやりきらせる行動ルール（アフター型介入ルール）	夕方実行確認	○	○	○	○	○	5	5
	ルールをやりきらせる行動ルール（累積型介入ルール）	水曜日確認	-	-	○	-	-	1	1
	毎朝の朝礼で全体の前で褒める	好子 FB			○	○	○	3	-
	個別に呼び出して改善案を出させる	嫌子 FB	○	○				○	-

スコアリングシートを正しくつけると、どの介入やFB（フィードバック）**で部下の行動が変わったのかがわかるようになる。**

中間成果を21時退社に設定し、行動ルールを17時帰社に設定しています。

17時帰社の行動ルールを守らせるために、朝のリマインド介入、夕方のアフターの介入、毎週水曜日に累積の介入を行なっています。

それらに合わせて、介入の際、どのような「好子」「嫌子」のフィードバックを行なうか事前に設定し、毎日どちらのフィードバックを行なったかのスコアをつけています。

この結果から、水曜日以降は行動ルールが守られるようになっているのがわかります。そして、それに合わせて中間成果にも影響しているだろうということが読み取れます。

スコアリングシートを正しくつけておくことで、**どの介入やフィードバックによって部下の行動が変わったのかがわかる**ようになります。

個別に向き合い、成果につながる重要ツール

このスコアリングシートをつけるようになったのには、いくつか理由があります。

最初「壁マネジメント」のメソッドを体系化する段階では、スコアリングについてはそこまで重要視していませんでした。

組織全体にルールを設定して介入することだけでも、一定の成果が得られていたからです。

しかし、あるセミナーに出て、考え方が変わりました。

そのセミナー内容は、動物の行動を「行動分析学」で検証し、介入することによって行動変化をつくり出す取り組みを伝えるものでした。

「同じ犬種で、同じタイミングで生まれた兄弟であったとしても、介入後の行動は異なるのがほとんどで、同じアプローチで行動が変化するとは限らない。

そもそも、行動分析学は、傾向やケーススタディには当てはまらない行動を分析して、行動変容につながる打つ手を導き出す学問で、傾向やモデルに頼ること自体が行動分析学とは相反する考え方である。

動物一つひとつに異なる行動と反応が存在するのだから、個体それぞれにスコアをとって分析しない限り、変化をつくり出す糸口を見つけることはできない。

自分の愛犬に本気で望ましい行動をとってもらいたいと思うなら、めんどうだと思ってもその行動を見続けるしかない」

この講演を聞いて、私は大きなショックを受けました。

「一緒に働く仲間の行動を変えてもらいたいと思うのなら、組織単位ではなく、個人の行動に介入して、それぞれの部下と真剣に向き合わなければならない」

と強く思ったのです。

その後、「壁マネジメント」を運用する際には、**個人別にスコアをつける**ようになりました。

行動が変わらない最後の一人まで、スコアをもとにして個別の介入アプローチ法を設定し、行動の変化をつくり出すために、向き合うよう指導をするようになりました。

組織全体に対して設定した行動ルールであっても、個別にスコアリングをつけ、全員がやりきれるようになるまで、それぞれにアプローチを変えて向き合うことで、「壁マネジメント」はさらに成果を出せるようになりました。

その結果、実践者から次のような声をいただけるようになりました。

「初めは個人ごとにアプローチを変えて介入することはめんどうだと思っていましたが、これをやることで**個々人の特徴がよく見える**ようになりました。

行動させるときに、A君はこのようなアプローチが有効で、B君にはこうしたほうがいいという個別の対応ができるようになったので、**新しい行動ルールを設定する際にも、過去のデータをもとに介入することで、各人の行動が定着**しやすくなりました」

また、行動ルールを設定した後の継続率も、個別のスコアをつけて介入し続けることで格段に向上したのです。

個人単位の行動をよく観察するようになれば、当然のことながら、その人たちとの向き合い方が今までとは変わってきます。

その結果、相手に必要な行動をとらせることができるようになります。

「部下の行動が変わらない上司が、いかに部下と向き合っていなかったか」を考えさせられました。

スコアリング設計するときのルール

スコアリングシート設計する際には、必ず守らなければならないことがあります。

それは、**行動ルールの実行データと、中間成果の結果データ、介入ルールの実行データ、フィードバックの実行データが、必ずセットで確認できる**ということです。

前項で紹介したシートも、そのように設計されています。

実践者の中には、それぞれの項目を別シートで管理しようとする人もいますが、必ずルールどおりの設計に変えてもらいます。

なぜなら、**時系列で同時に状態が確認できないと、どの部分に問題があるかを発見しにくい**からです。

特にまずいのは、中間成果の状況と行動ルールの実行のみでシートを設計するケースです。

行動ルールができていない場合、マネージャーが介入した結果、行動ができていないスコアを残していないと、今までどうやって介入してきたのかがあいまいになってしまい、今までとは違ったアプローチを選択できなくなるからです。

また、中間成果のスコアリングについても注意が必要です。

「壁マネジメント」を実行する際に、行動や成果につながっているかという検証が重要なことは何回もお伝えしてきました。

そのため、**スコアリングを設計する際には、必ず行動の結果である「中間成果の状態」が見えるようになっていなければなりません。**

中間成果の設定が、行動ルールとあまりにもかけ離れていて、１週間単位、１カ月単位で行動しても、まったく中間成果につながらない設定をしていると、スコア上で行動と中間成果の紐づきが確認できなくなってしまいます。

そのような場合は、中間成果の設定を、行動した結果で反応しやすい内容に設定変更する必要があります。

スコアリングの失敗例

実際に、次のようなスコアリングの失敗事例がありますので、ご紹介します。

産業資材のメーカーの工場長が実際に設定して、うまくいかなかったケースです。

この工場長は、中間成果を「商品開発がスタートする数量」で設定していました。

そして、商品開発を進めるための企画案の提出を行動ルールに設定して、「壁マネジメント」をスタートしました。

その結果、企画案の提出については、目標どおり作成する行動がとれていました。

しかし、3カ月経っても商品開発がスタートする数量に反応がありませんでした。

そこで状況を確認すると、企画を出してから、商品開発がスタートするまでに進めなければならない「検証作業」ができていないことが判明しました。

そこで、それまで設定していた中間成果の1つの成果である「検証作業」をスタートする数量を中間成果の目標に変更しました。

そして、ようやく行動した結果が中間成果の目標につながるようになりました。

それに合わせて初めに設定していた「商品開発をスタートする数量」にも反応が出始めるようになりました。


この事例のように、**「行動」と「目標」に距離がありすぎると、行動した結果が反応しているかどうかがわからない状態になってしまい、時間だけが過ぎていくことになります**。

行動した結果が反応するであろう**「中間成果」の設定が必要**になるわけです。

私が直接指導する「壁マネジメント」の指導では、最低1週間に1回は、行動した結果、反応するだろうと考える項目を中間成果に設定します。

月単位で一定量追いかける中間成果であったとしても、週単位までブレイクダウンして設定します。

そうすることのメリットは、早い段階で成果につながる行動への改善が進むことです。

1カ月待ってから行動の設定を変えるのと、1週間単位で行動の改善を行なうのとでは、確実に成果に影響します。

決算という期限までに12回の改善を行なうのと、48回の改善を行なうのとでは、一目瞭然で、後者にメリットがあります。

それができるのも、基本的には正しくスコアリングが行なわれているからです。

一定のスコアの状況を見ながら、どんどん行動を変えていくことが、「壁マネジメント」では求められます。

「壁マネジメント」のスコアリング設計は、業種業態で異なる

壁マネジメントのスコアリングは、業種業態によって、その設計が異なります。
ここでは、3つの事例をもとに、壁マネジメントのスコアリングを学びます。

①営業の顧客アプローチ行動のスコアリング。
②工場の機械停止時間改善ルールのスコアリング。
③業務改善のスコアリング。

それぞれのスコアリング事例に合わせた設計方法を解説します。

営業の顧客アプローチ行動のスコアリング――スコアリング事例①

次ページの図は、印刷会社の営業マネージャーが設定したスコアリングシートです。

この企業は、過去の目標売上のみを基準に営業管理をしていたところ、未達状態が続いていました。

壁マネジメントを受講した課長は、組織の問題を「案件数が少ないことだ」ととらえ、その要因を顧客へのＰＲ不足だと考えていました。

そこで、目標予算達成には、「半年で７０００万円の案件確保をする必要ある」という仮説を立て、獲得案件目標を週単位までブレイクダウンし、週３００万円の案件情報を獲得することを、中間成果として設定しました。

その中間成果を達成するために、毎週35件の顧客に対するアプローチと、重要顧客5件に対するアプローチを行動ルールに設定しました。

金曜日の累積介入のタイミングで、翌週の訪問先の計画と案内すべき内容を設定しました。

スコアリングシート事例①

営業の顧客アプローチ行動のスコアリング

（例：印刷会社の営業マネージャーが設定）

【AA支店】営業活動管理スコアリング

【中間成果】

・300万円以上の案件を作る/週

【行動ルール】

①30件への商品アプローチ　③毎週木曜日に翌週の訪問先(ル~ト)入力

②週5件の重要顧客への商品アプローチ

③毎週金曜日に翌週の訪問先(ル~ト)入力

【リマインド】

・毎朝　8:30~

【アフター】

・毎夕　19:00~

1ページ

【業績】毎週末夕

・毎週末夕　19:00~

6月19日~6月23日			月	火	水	木	金	実績(件数/金額:万円)
担当者A	案件獲得金額		150	70	50	0	40	310
	①通常顧客への商品アプローチ35件/週		6	6	10	2	12	36
	②重点取組み先への商品アプローチルール5件/週		1	0	1	0	3	5
	リマインド介入	朝	○	○	○	○	○	
	アフター介入	夕	○	○	○	○	○	
	業務確認介入	金曜	ー	ー	ー	○	ー	
	好子		○	○	○		○	
	嫌子					○		

そして毎朝、リマインドの介入で、計画した当日の行き先と案内すべき内容の準備ができているかを確認し、毎晩訪問先でやるべきことが実行されたのかどうかを確認する「壁マネジメント」を設計しました。

目標どおり週３００万円の案件が獲得できているかを課長が確認し、できていない場合には、金曜日に翌週の行動を再度計画し直し、案件獲得目標に対して足りない分を埋める行動を設定しました。

この活動をやりきったことで、ほぼ全員が必要数の案件量が確保でき、案件がないことで営業が困ることはなくなりました。


営業のマネジメントでは、このような形でスコアリングをすることが基本です。

多くの組織では、このような行動ルールと介入を行なっていないのが実情です。

営業活動の設計をしている組織でも、顧客アプローチ数を設定することにとどまり、行動した結果、どんなリターンが得られたのかを数字に落とし込んだ検証をしていません。

また、目標となる案件数を設定しても、必要量を確保できていないことがほとんどで、獲得するべき目標数に近づけるためのＰＤＣＡを回すことができていません。

この事例のようなスコアリングをしていれば、行動ルールの実行状態と営業活動の結果がわかりやすくなります。

そして、中間成果の目標に到達していない場合は、すぐに行動を変えるＰＤＣＡを回すことができるようになります。

工場の機械停止時間改善ルールのスコアリング

――スコアリング事例②

この事例は、「工場内の生産性向上」をテーマにしていた製造班長Ａさんの事例です。

この工場では、生産ラインの停止が頻繁に発生しており、その停止時間が長いため、時間内に必要な生産量の確保ができていませんでした。

そのため、作業員の残業や休日出勤が問題になっていました。

さまざまな取り組みは行なってきたようなのですが、心がけの指示が中心となっていたため、問題を改善することができませんでした。

「壁マネジメント」研修に参加した班長に確認したところ、機械停止の要因がつかめていなかったため、すべての機械停止の履歴を取ることを行動ルールに設定しました。

機械停止について、

◎どの機械を使っていたとき
◎どの製品をつくっていたとき
◎どの原材料を使っていたとき
◎どの金型を使っていたとき
◎誰が作製していたとき
◎想定されるストップの要因

という切り口で、機械が止まったデータを残してもらうことをルール化しました。

１カ月データをとり、それぞれの切り口で停止の状態を分析すると、使っている機械や作業者によって停止が多く発生している傾向がつかめてきました。

そこで、機械停止が発生している時間の多い順にデータを並べ、改善すべき打つ手について検討しました。

その結果、**「機械のメンテナンスでしか改善できないもの」「人の行動で改善できる可能性があるもの」**といった項目が見えてきました。

機械のメンテナンスでしか改善できないものは、会社と掛け合ってメンテナンスの予算化に向けて管理者がタスクを進めます。

そして、人の行動によって改善できる可能性があるものに関しては、チェックリストに落とし込んで、その取り組むべき行動を全員の行動ルールとしました。

工場の改善の取り組みの経験からわかったことですが、データをつけ続けていると、停止が発生しない傾向の人が発見できるケースがあります。

その人は、無駄な停止を発生させないために独自の動き方をしており、その行動を機会停止が発生している人と共有していないことがあります。

データを正しくとり、停止を発生させていない人のやり方を行動ルールにすることで、停止回数を減らす可能性が高まります。

スコアリングシート事例②

工場の機械停止時間改善ルールのスコアリング

（例：メーカー工場の製造班長が設定）

【B班】機会停止削減ルールスコアリング

【中間成果】

・作業停止時間100分以内

【行動ルール】

①作業停止履歴シートの記入

②作業ルール実施完了チェックシートの記入

【リマインド】

・毎朝 8:00

【アフター】

・13:00～

・17:00

【累積】毎週末木曜

・毎週末木曜

1ページ

7月19日～7月23日			月	火	水	木	金	合計
担当B	作業停止時間合計/1日		5	30	25	50	40	150
	作業停止発生回数		1	1	2	3	3	10
	①作業停止履歴シートの記入		○	○	○	×	○	
	②作業ルール実施完了チェックシートの記入		○	○	×	○	○	
	リマインド	8:00	○	○	○	○	○	
	アフター①	13:00	○	○	○	○	○	
	アフター②	17:00	○	○	○	○	○	
	累積確認介入	木曜	―	―	―	○	―	
	好子		○	○			○	
	嫌子				○	○		

できる人の方法を共有することは、多くの組織で指示されていますが、「壁マネジメント」では、その方法を全員できているかどうかについてまで介入するため、確実に望ましい行動を全体共有し、運用できます。

この班長のところでは、ベテラン作業員の作業方法を全員が実行することを繰り返した結果、機械停止時間を30％削減することができました。

タスク管理のスコアリング——スコアリング事例③

次は、プロジェクトのタスク管理の際に活用したスコアリングの事例です。

この企業では、一人の担当者がプロジェクトを持ち、3カ月～半年かけて期限までにプロジェクトを達成することを求めていましたが、いつも期限どおりにプロジェクトが達成できない問題が発生していました。

その要因は、タスクのスケジュールが期限どおり進められないことにありました。

毎月プロジェクトの進捗会議は行なわれていましたが、プロジェクト遅延の言い訳

スコアリングシート事例③

プロジェクトのタスク管理のスコアリング

（例：製造メーカー工場のマネージャーが設定）

タスク　スコアリング		6/12	6/13	6/14	6/15	6/16
		月	火	水	木	金
担当	Aさん	①調整と搬送			②機械加工（6月20日延期）	
	Bさん		商品検証①			商品検証②
	Cさん	①商品選定		②機械加工（6/22延期）		
	Dさん		③パイプ手配		データ集計	
介入	リマインド(朝8:00)	○	○	○	○	○
	アフター(夕17:00)	○	○	○	○	○
	累積(金曜15:00)	-	-	-	-	○
FB	好子	○	○	○	○Dさん	○
	嫌子				○Aさん	

と、リスケジュールが報告されていました。

「プロジェクトのタスクの項目出しが甘い」という問題もありましたが、タスクの期限に対してマネージャーが関与しておらず、**タスクの期限を守らせる介入**が必要だと考えました。

そこで、それぞれのメンバーのプロジェクトのタスクを一覧で見えるように、スコアリングを設計しました。

毎週の累積介入は、メンバー全員でミーティングを行ない、翌週のタスク期限について問題ないかどうかを確認し、期限の調整をします。

確定したタスク期限については、毎朝のリマインドの介入で確認し、さらにアフターの介入で完了したかどうかを確認します。

あらかじめ決めたタスクスケジュールどおり終了すればOKですから、「好子」のフィードバックを行ない、リスケする場合にはマネージャーとともに期日を決め、要因を確認して「嫌子」を発生させます。

その際、厳しすぎるスケジュールの調整や期限を甘く設定しているスケジュールについて、上司に実行方法を指導させました。

「壁マネジメント」の介入を行なう前はタスク期限が守れず、プロジェクトの遅れが頻繁に発生していましたが、**マネージャーが全員のタスクを見える化して「壁マネジメント」を運用する**ことでタスク期限が守られるようになり、プロジェクトがスケジュールどおりに進むようになりました。

このように、それぞれが持つタスクの期限と介入状況をスコアリングして、「壁マネジメント」運用することで、プロジェクトの進行を正しい流れに乗せることができます。

第6章

「壁マネジメント」を他人に任せる方法

優秀なマネージャーの交代

全国に拠点を持つ企業や社員数の多い企業では、人事異動が定期的に行なわれています。転勤でなくとも、部署異動や配置転換は行なわれるはずです。

適正な人材配置は、企業の成長や維持のために必要です。

優秀な人には組織改善やミッションを任せたいものですし、急遽《きゅうきょ》体制をつくらなければならない場合には、いっそう能力のある人をリーダーに据えたいと考えるものです。

そのような**優秀なマネージャーには、2つのタイプが存在**します。

1つ目のタイプは、その人が異動すると、その異動先の組織のパフォーマンスが上がるタイプのマネージャーです。

そしてもう1つは、その人が去った後もパフォーマンスが維持されるタイプです。

両者とも、自分がかかわる組織のパフォーマンスを向上させるのですが、後者のマネージャーの価値が圧倒的に高いことは、説明せずともご理解いただけるのではないでしょうか。

この章では、その人が去った後でも、組織のパフォーマンスが維持されるマネージャーのマネジメント手法について解説します。

優秀なリーダーが異動後に、ダメになる組織、パフォーマンスが維持される組織

私の前職でも、4月になると皆、異動の可能性があることにドキドキして、「あの人は、今回異動ではないか」という噂が流れ、仕事が手につかない状態になっていたことを覚えています。

異動が決定すると、2週間〜1カ月という短い期間で、後任に仕事を引き継ぐことが求められます。

現場担当者であれば、業務部分のみの引き継ぎなので問題はないのですが、マネージャーがそれと同じ引き継ぎのやり方をしていると、自分が去った後の組織の状態に

影響してしまいます。

自分がマネジメントしていることで**機能している組織の行動習慣やルール運用の部分を引き継がせることなく、単に業務の引き継ぎのみで異動してしまうと、せっかくつくり上げた成果の出る行動習慣やルール運用が崩壊してしまう可能性**があります。

その結果、せっかく今までうまくいっていたのに、マネージャーが代わったとたん今までできていたことができなくなってしまった。

そんなことが起こってしまうのです。

これは、多くのマネージャーが異動する際に発生している問題です。

しかし、中には自分が去った後も、組織のパフォーマンスを維持させることができているマネージャーがいます。

そのような人は、どういうふうに引き継ぎを行なっているのでしょうか。

優秀なマネージャーがやっている引き継ぎ方法

多くの人が業務移管で引き継ぎを終了している中で、組織の行動やパフォーマンスを維持させているマネージャーは、**自分のマネジメントのやり方そのものを、後任やチーム内に引き継いでいます**。

成果を出すために、必要な行動を維持させるための「部下とのかかわり方」そのものを引き継ぎしているのです。

しかし、2週間や1カ月という短い引き継ぎ期間では到底マネジメントのやり方まで後任に引き継ぐことはできません。

そのため、マネジメントがある程度機能するようになった段階で、**普段からマネジメントを部下に引き継いでおく**必要があります。

常日ごろから、行動管理を部下に任せて自動運用されている状態になっていれば、部下が行動やルールを運用できるようになっているため、その人が去った後もパフォーマンスが低下しないというわけです。

しかし多くの人は、部下や組織にマネジメントを移管することを普段から行なっていません。

当然、スタートしたばかりのルールや行動を初めから部下任せにすることはしませんが、**ある程度運用が定着した段階で移管しておく**ことがポイントです。

以前に私が所属していた会社の上司は、マネジメント移管という点でとても優秀なマネージャーでした。

その上司は、本部に提出する資料の作成や幹部会議での発表は何人かの部下に任せ、持ち回りで作業をさせていました。

幹部会議では、他の拠点では当然、幹部社員が発表しますが、その上司の部隊だけは代理の部下が報告を行ないます。

当然、困惑しているメンバーもいて、「本来マネージャーのやるべき仕事をやってくれない」と文句を言う部下もいましたが、「将来幹部になる君たちに必要となることだから」と、そのスタイルを変えませんでした。

任された彼らは、初めは私と同じ部下の目線で仕事をしていましたが、管理を任せられるにつれてマネジメントする側の立場で考え、発言するようになっていったのです。

任せられた代理の担当者は、マネジメント移管をしている期間に驚くような成長を遂げました。

そして今では、その会社の全国の拠点長の半数がAさんの元部下で構成されています。

管理を任せるということは、マネージャーとしての感覚を身につけることにつながります。

この本で解説する「壁マネジメント」も、部下や組織のメンバーに任せることで、**自分の右腕をつくる**ことができます。

マネジメントは「経験の科学」

マネジメントについては、多くの組織で「俺の背中を見て育て」という指導がはびこっています。

前述したとおりマネジメントは経験の科学ですから、**実際にやってみなければ、身につきません。**

しかも、マネジメントは当然、人によってスタイルが違いますし、ポジションや経験によって、人それぞれ成果を出すスタイルも異なります。

例えば、前任者が経営者の子どもで、次期経営者になる人がマネージャーをやっていたときと、生え抜きで若くしてマネージャーになった人が単純に同じことをやっても、組織に与える影響力は異なるので、同じように組織が動くとは限りません。

しかし、組織に望ましい行動をさせなければならないことには変わりありません。

組織のパフォーマンスを変えないようにマネジメント移管を進めることは、多くの組織で求められています。

「壁マネジメント」では、組織の望ましい行動を変えずに**マネジメント移管を進める方法も体系化**していますので、ここからは、その手順について解説していきます。

特定の人にカスタマイズして移管する——壁マネジメントを移管する方法①

組織のパフォーマンスを変えずに「壁マネジメント」を移管するやり方には、2つの方法があります。

1つ目は、「特定の人にマネジメントを移管する方法」です。

次のリーダー候補になる人や、自分の右腕として働いてもらいたい人に対して、完

全にマネジメントを移管する方法です。

「壁マネジメント」の研修をスタートしたところ、まさにこの問題に遭遇しました。

5カ月のプログラムの半分のカリキュラムが終了した日に、一人の受講者が私のところにやってきました。

「実は子会社の立て直しを行なうために、転勤することになりました。ようやく組織のメンバーの行動が成果につながってきた矢先で、本当に残念です。

そこで1つ相談があるのですが、後任のマネージャーに、研修と『壁マネジメント』の取り組みを引き継げないでしょうか」

私は、初めから受講していないと、途中から来ても難しいのではないかと思いました。しかし、彼が強い意志でつくり上げてきた組織の状態を、ここで崩壊させてしまうのはもったいないと感じたため、

「成果は問いませんから、後任のマネージャーに今やっている壁マネジメントの介入ルールを引き継ぐことができるのであれば、参加させてください」

と伝え、後任に壁マネジメントで実践している内容を引き継いでおくことを条件に、

研修に参加していただくことになりました。

後任のマネージャーが研修に参加したときには、前任のマネージャーが設定した「壁マネジメント」を同じように実行していましたが、部下に行動をやりきらせることができていませんでした。

スコアリングのデータから、前任のマネージャーと同じマネジメントを実行してもマネジメントが機能していないことがわかりましたが、行動ルールと介入ルールには問題がなかったため、「好子」「嫌子」のフィードバックをどう設計して実践するかについて考えてもらいました。

後任のマネージャーは、

「前任と同じように介入を行ないましたが、部下は行動しないことがわかりました。ですが、最初が肝心だと思いますので、前任とは違ったやり方でフィードバックを行ないます」

と言って、その後、部下に対して前任者が実行していた内容以上に厳しいフィードバックを行ないました。

マネージャーが交代してしばらくの間、部下の行動は変わりませんでしたが、スコアリングデータをもとに私がサポートしながら介入方法を改善するにつれて、部下たちは行動ルールをやり続けるようになったのです。

この経験から、**壁マネジメントを後任に合わせてカスタマイズすることで、マネジメントを移管することができる**ことがわかりました。

その後、壁マネジメントの指導の中では、必ずマネジメントを移管する方法を伝え、研修の中で実際に移管することも実践してもらうようになりました。

丸投げは絶対禁止！ 後任の壁マネージャーの介入結果に介入する

壁マネジメントを移管するイメージは、次々ページの図のようなイメージです。通常の「壁マネジメント」にマネージャーが介入しているイメージです。

1人のマネージャーが4人の部下それぞれに対して、介入するマネジメントを行ないます。

壁マネジメントの移管は、今まで自分が行なっていた介入を、後任の壁マネージャーに移します。

そして、今まで自分が行なっていた介入を後任の壁マネージャーに引き継ぎます。

当然、それまで行なっていた「リマインド」「アフター」「累積」の介入ルールと「好子」「嫌子」を出現させる行動分析学のフィードバックも合わせて実行させます。

そして、今後はスコアリングについても、後任の壁マネージャーに実行させます。

移管する上で重要なことは、このあとです。

後任の壁マネージャーは、前任の壁マネージャーとはスタンスや立場が違いますので、前任の壁マネージャーが行なっていた壁マネジメントをそのまま実行しても、部下の行動を正しくコントロールできない状況が発生します。

そこで、**前任の壁マネージャーが後任の壁マネージャーの介入結果に対してさらに介入**し、後任の壁マネージャーとともに、部下の行動をやりきらせるまで介入行動の改善のサポートを行ないます。

効果的な壁マネジメント移管の重要ポイント

丸投げではなく、「介入の介入」を実施

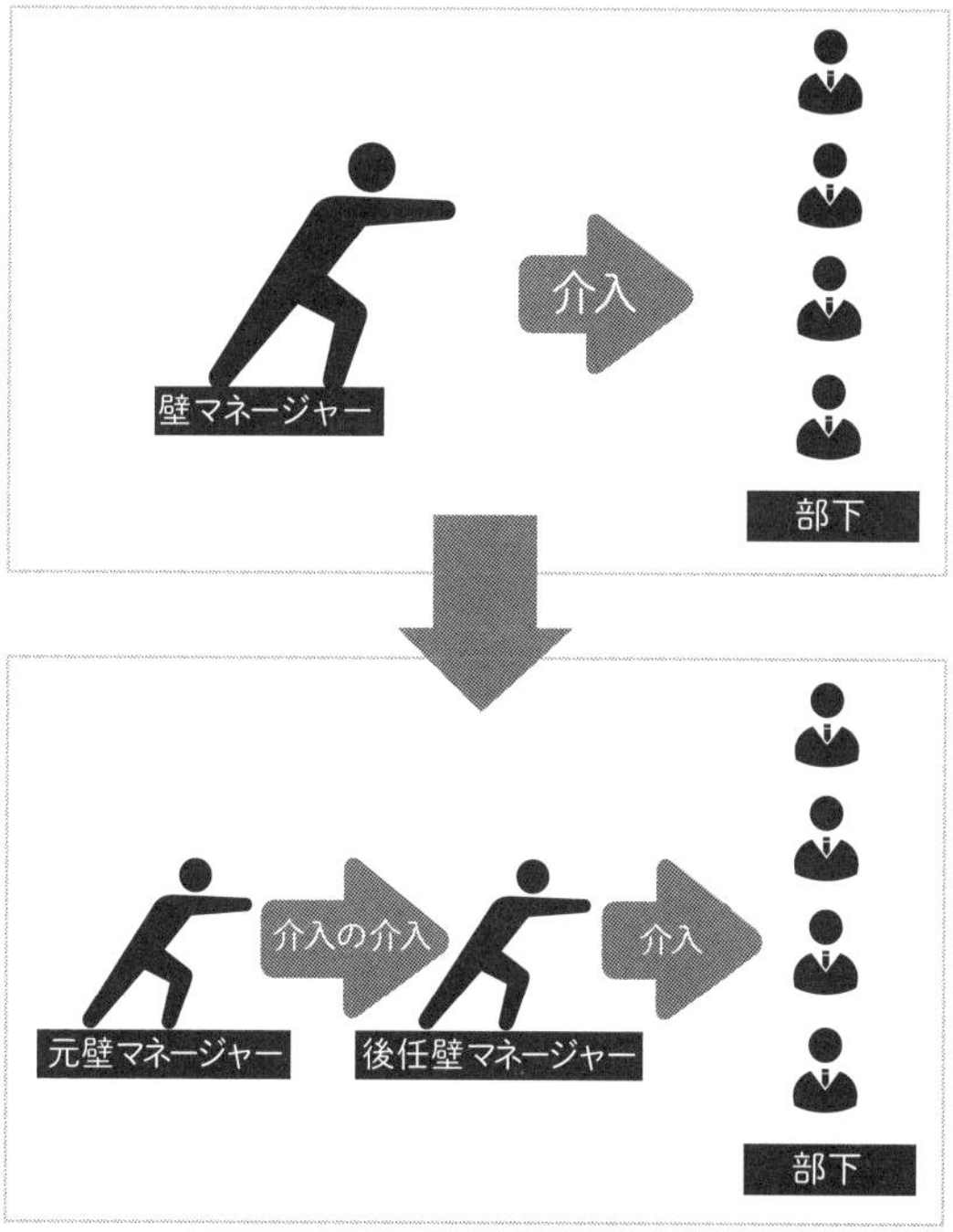

元の壁マネージャーが、後任の壁マネージャーの介入結果に、一定期間介入することで、「壁マネジメント」を確実に移管することができる。

そして、**後任の壁マネージャーが部下に行動をやりきらせることができるようになるまでフォロー**し続けます。

後任の壁マネージャーに対する介入の改善フォローを**「介入の介入」**と名づけています。

部下に「壁マネジメント」を丸投げして移管するのではなく、一定期間「介入の介入」を続けて、後任に合わせて改善することで、確実に壁マネジメントを移管することができます。

そうすることで、部下の望ましい行動をマネージャーが代わっても継続させることができるのです。

「介入の介入」でうまくマネジメント移管ができた小売店

この「介入の介入」で、とてもうまくマネジメント移管を成功させた事例があります。

小売店の社長が「壁マネジメント」研修に参加し、18店舗の接客行動について介入しました。

しかし、18店舗に介入を行なうのは、とても負担がかかっていました。

そこで、18店舗を3分割して3人のエリアマネージャーをつくり、エリアマネージャーに、社長が行なっていた壁マネジメントを移管しました。

今までは社長の思いと強い熱意によって管理が機能していたため、単純にマネジメントを引き継いでも、行動ルールは実行されませんでした。

しかし、社長は3人のエリアマネージャーに対して、どのようにすれば行動管理ができるかを伝え、3人に合わせた壁マネジメントを一緒に設計し、PDCAを回したため、1カ月後には社長がマネジメントを行なっていたときと同じ行動が維持できるようになりました。

壁マネジメントを正しく任せることで、統制範囲を超えるような人数の管理も可能になります。

実際この事例をもとに、別の業種で5店舗の管理を任されているスーパーバイザーに同じ仕組みを運用してもらい、成果を上げることができました。

多くの組織では、ルールを移管することはできても、そのルールを運用するマネージャーの管理方法の移管ができないのが大きな問題になっています。

しかし、その問題も、壁マネジメントの移管によってカバーすることができます。

介入とスコアリングは複数メンバーで当番制、フィードバックはマネージャー
――壁マネジメントを移管する方法②

自分のマネジメントを任せられる右腕や、次のリーダー候補が組織の中にいないケースもあります。

◎自分以外のメンバーは、すべて並列の組織。
◎自分以外は、パートやアルバイト社員。
◎自分も役職的にはマネージャーではないが、後輩数名の指導を任されている。

こうしたケースには、チームの中でマネジメントを任せる「誰か一人」をつくることが難しくなります。

そのような場合、どうやってマネジメントを移管するのかについて解説します。

前項でお話しした移管では、「リマインド」「アフター」「累積」の介入と、フィードバック、スコアリングを特定の1名に移管するやり方でしたが、特定の1名がいない場合には、**壁マネジメントの一部だけを移管する方法と、その介入をメンバーそれぞれで運用する方法**を取ります。

ただし、「好子」「嫌子」のフィードバックはメンバー内で実施すると喧嘩になってしまう可能性がある上、上長でないと機能しないケースがあるため、マネージャーが行ないます。

例えば、朝のリマインド介入は持ち回りの当番制にして、スコアリングシートに記載します。

アフター介入についても、同じように当番を決めて夕方介入し、スコアリングシートに記載します。

重要なのは、**組織メンバーに任せたそれぞれの介入が行なわれたかどうかに関して必ずできてきているか（絶対に漏れずに介入が行なわれたか）を、マネージャーがチェックする**ことです。

そして、それぞれのスコアの結果を見ながら、毎日、行動が安定しているのであれば累積の確認のときに、上司から部下に「好子」「嫌子」のフィードバックを行ないます。

介入行動とスコアリングの部分はメンバーに任せて、「好子」「嫌子」のフィードバックの部分のみマネージャーが介入する移管方法が、もう1つの壁マネジメントの移管方法です。

「壁マネジメント」をすべて移管することはできませんが、誰か一人に任せられないときには、このやり方がとても有効です。

この移管方法でも、マネージャーがメンバー内で実践する介入に対してさらに介入している限り、行動ルールが崩壊することはありません。

壁マネジメント一部移管で、成果を出した製造工場

実際に、このやり方で成果を出した組織の事例をご紹介します。

この会社のマネージャーは、製造工場の班長です。

工具の戻し忘れが頻発しており、工具を探す手間が組織の中で問題となっていました。

そこで、壁マネジメントを運用しました。

この工場では、班長の下に30人の部下がいました。

組織を構成するメンバーはパート、派遣、アルバイト社員がほとんどで、マネージャー候補となる担当をつけることができません。

そこで、工具を確実に戻す行動ルールを当番制で介入することにしました。

メンバー相互間の介入管理が定着するにつれて確認の漏れがなくなり、工具返却のルールも改善されていきました。

スコアリングシートの結果を見て、班長が「好子」「嫌子」のフィードバックを行

なっていましたが、工具返却のエラーが起こりそうになると、メンバー同士でフォローして返却の代行や、忘れていそうな道具の返却漏れのカバーができるようになりました。

介入ルールをメンバー全員に任せることで、組織内の意識が高まる効果もあります。

壁マネジメントを移管することのメリット

今まで個別に介入し続けていた「壁マネジメント」の介入ルールとスコアリングを部下に移管すると、その後は後任のマネージャーにのみ介入することになるので、**時間がつくれます。**

また、壁マネジメントを移管すると、**マネージャーは成果を出すために必要な新しい壁マネジメントの運用を始めることができる**ようになります。

複数の壁マネジメントが、組織内で並行して運用できるようになると、さらに成果をつくり出す可能性が高まります。

壁マネジメントを移管することは、部下の成長にもつながります。

マネジメントを経験することで、部下はマネジメントする側という新しい価値観が身につきます。そうすることによって、部下はマネージャーと同じ価値観で物事が考えられるようになります。

マネージャーと部下の価値観が同じになることで、自分の考えに共感してくれる強い味方になってくれることでしょう。

「壁マネジメント」研修では、上長が壁マネジメントの設計と運用を実施した後に、部下が参加するケースがあります。

壁マネジメントを部下として経験している人間が壁マネジメントを運用すると、初めて壁マネジメントを知る人よりも理解度が高く、スムーズに運用できるようになります。

また、企業内の複数の人が壁マネジメントを運用できるようになると、組織全体の空気が大きく変わり、行動を変化させることに対して反発する人の数が減少します。

その結果、今までできなかったことができるようになり、会社が求める成果につながりやすくなります。

壁マネジメントを強化する「報連相ルール」

壁マネジメントを運用する立場のマネージャーは、管理者としての仕事だけでなく、プレイングマネージャーとして、自分自身も部下以上に成果を求められることがあります。

壁マネジメントを運用する上で重要な「介入ルール」の運用は、上司に新しい仕事が増えることにもなりますので、当然負担は増えます。

負担が大きい理由は、上司から部下に介入しなければならないという仕組みだからです。

上司が部下をつかまえて「リマインド」「アフター」「累積」の介入を行なわなければならないため、その工程はとても手間のかかる作業になりかねません。

部下が緊急性のある仕事をしていたり、社内にいなかったり、電話がつながらなかったりしても、必ず介入するためには、上司の側がコンタクトを取らなければなりません。

また、介入が続けられないと、部下の望ましくない行動を放置してしまうおそれがあります。

どうしても介入ルールを運用しきれない場合には、次の手法を使って介入の漏れを軽減させることができます。

それは、壁マネジメントの介入ルールと同じ形で、報連相（報告、連絡、相談）させることをルール化する方法です。

壁マネジメントは定めたルールに対して、上司側から「リマインド」「アフター」「累積」の介入を行ないます。

上司側から介入している確認内容を、部下から報告させるルールに切り替えるのが、「報連相」の行動ルールです。

次ページの図が、報連相ルールについてのイメージです。

例えば、上司がリマインドの介入ルールとして、

「毎朝9時に、今日の行動予定を部下全員に確認する」

という内容を設定していたとします。

壁マネジメントを強化！

「報連相ルール」の導入イメージ

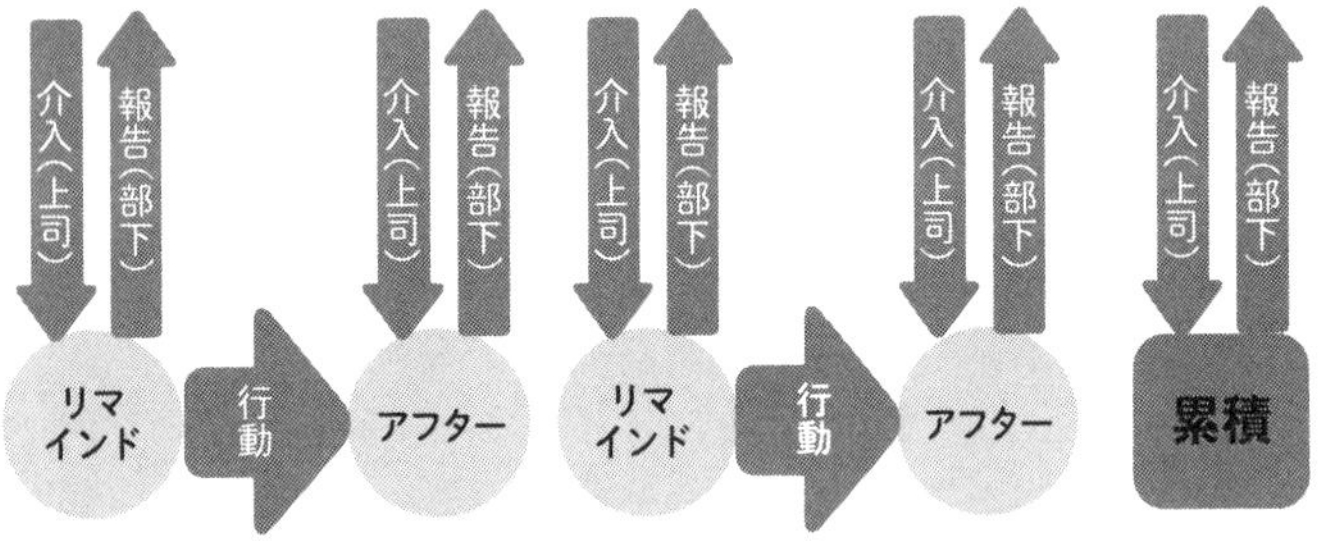

マネージャー側から介入している確認内容を、部下から報告させるルールに切り替える。

その場合、報連相ルールで運用する場合には、

「毎朝9時に、部下から上司に今日の行動予定を報告する」

という行動ルールに設定します。


アフターの介入ルールの場合も同じです。

「夕方5時に、朝確認した行動予定の結果を確認する」

という介入ルールを設定していた場合には、

「夕方5時に、朝確認した行動結果を上司に報告する」

という行動ルールを設定します。


累積の介入ルールの場合も同じです。

「毎週水曜日に、1週間の行動結果について確認する」

という設定を、

「毎週水曜日に、1週間の行動結果について報告する」

という行動ルールにします。

「リマインド」「アフター」「累積」の介入を、部下から報告する行動ルールにすることで、上司が介入するために部下をつかまえるという作業がなくなります。

そうすることによって、上司の負担は大きく軽減されます。

そして、部下自らに報告のルールが守れたかどうかに関して、スコアリングさせます。

そうすることによって、累積の報告の際に、できていない報告について累積の介入ができ、指導することができます。

部下は自分ができていることと、できていないことをスコアリングしているため、ルールについて、「守れている」「守れていない」という認識も強まるので、意識が高まります。

報連相をルールにするときの注意点

報連相することをルールにする場合、ルールが守れているかどうかに関しては、確実に介入する必要があります。

「あなたは今朝、行動予定について報告しなかったよね」という漏れに関しては、確実に介入する必要があるということです。

それができないと、報告する行動ルールそのものが実行されません。

ルール化した行動について漏れなく介入することは、通常の壁マネジメントと同じく確実に実行しなければなりません。

また、**報連相のルールでは、「好子」「嫌子」のフィードバックに関して、スコアリングのデータに対しても工夫**します。

壁マネジメントのスコアリングは、上司が介入する際に「好子」「嫌子」のどちらかフィードバックをしたら記載しますが、報連相のルールでは、部下が報告を行なった際に、実行状態に対して上司がＯＫを出したのか、ＮＧを出したのかを記載させます。

スコアリングされた累積データには、毎日のルールに対して上司の指示に沿って行動できたのか、できなかったのかのデータが残されます。

部下は自分で行動結果を記録しているので、できていないことについて感情的な言い訳をしづらくなるという効果があります。

実際に、この報連相ルールを正しく運用している組織では、上司が介入だけを行なっている壁マネジメント以上に、行動の定着がスムーズに進むこともあります。

報連相のルールを運用して、行動ルールを徹底させた会社

報連相のルールを運用することで、行動ルールを徹底させた会社があります。

この企業はシステム開発会社で、全国の6カ所に拠点を持っています。

壁マネジメント研修に参加した課長は、特殊なシステムの販売を任されていました。

本人は東京の本社に在籍していますが、8名の部下のうち3名は東京に所属し、その他の5名は仙台、横浜、名古屋、大阪、福岡に所属して、全国の営業の管理をしていました。

研修では、案件獲得に必要なパートナー企業へのアクションを行動ルールとして設

定し、壁マネジメントの運用をスタートしました。

しかし、実践する中で行動ルールがなかなか守られないため、スコアリングシートを確認しました。

すると、他地域の営業の行動ルールがまったくできていないことがわかりました。

介入の状況を見ると、他地域のメンバーに対して累積の介入は行なっているのですが、リマインドとアフターの介入ができていない状況が散見されたのです。

「電話やメールを使ってでも、リマインドとアフターの介入ができませんか？」

と尋ねたところ、

「介入のための連絡はしているのですが、他地域の担当者がなかなかつかまらず、夕方だけの介入になってしまったり、出張に出てしまうとつかまらなかったりするので介入に苦戦しています。同じ事務所で仕事をしていないとコミュニケーションがとりづらく、正直なかなか難しい状況です」

という回答でした。

介入できない状況が続くと、望ましい行動を続けさせることができないため、この課長と部下が必要なタイミングで確実にコミュニケーションをとる方法がないかと考え、部下が決めたタイミングで、報告するルールを提案したのです。

しかし、ルールを決めた当初は報告することはできていましたが、その後1カ月の間に報告ルールが守られていない状態になっていきました。

そこで、報告をどのように行なわせているかを確認したところ、社内のシステム上で報告するルールになっており、上長はシステム上でフィードバックしていました。

しかし、フィードバックの結果を部下が確認していないことが発覚したのです。

部下がフィードバックされた内容を認識していなければ、その行動は変わることはありません。

そこで私は**システム上のフィードバックをやめてもらうよう課長に指示し、必ず電話で報告をさせるよう改善**を提案しました。

合わせて、**報告漏れについては絶対に許さないよう介入の指示を出し、部下には行動できていないことを認識させるため、報告した結果を自分で記録してもらうことにしました**。

このようにルールを変更した結果、確実に行動できるようになりました。

課長は、

「報連相のルールが確実にできるようになったことで、他の指示も守れるようになりました。

それと、私からの指示に対してOKだったのか、NGだったのかを記載しているので、前の失敗を繰り返さないようになったのと、自分でスコアをつけることで、私が何をOKとして、何をNGとしているのかの傾向もつかめるようになったようで、細かい指導をしなくても私の意図を酌んで行動してくれるようになり、マネジメントがとても楽になりました」

と話してくださいました。

課長が、指示したとおりに壁マネジメントを行なうことで、漏れない介入ができるようになったことが成功要因ですが、壁マネジメントの介入と同じ形で、**部下からの報告をルールにすることで、壁マネジメントが強化される**ことも確認できました。

その後、同じようなケースの受講者に報連相をルールにする壁マネジメントを実行してもらうと、同様の効果が多く得られたため、実践者に推奨しています。

ただ、報連相のルールは、初めて壁マネジメントを運用する人にはおすすめしません。

介入することに慣れていない人が、部下に報連相ルールを設定しても、多くの場合、介入を疎かにして、ルールを守らせることができません。

壁マネジメントの運用経験ある人が運用しなければ、報連相のルールは機能しません。

第7章

成功事例に学ぶ「壁マネジメント」

毎月100時間残業していた部下8名の残業がゼロに
――「壁マネジメント」活用成功事例①

この章では、壁マネジメントを実践して成果につながった事例を取り上げながら、その取り組みを解説します。

まず紹介するのは、大手通信会社での残業削減の取り組みです。

この組織では、8名の部下が毎月100時間残業しており、問題視されていました。4月のタイミングでこの組織のマネージャーに配属されたB課長は、部長から残業削減をミッションとして与えられ、そのタイミングで、私の開催している壁マネージャー養成コースに参加しました。

初日の研修で確認したところ、残業削減のためにやるべきことは明確だったのですが、マネージャーとして何をすればいいのか、具体的な策を持っていなかったため、私も一緒になって残業削減を進める壁マネジメントを設計していきました。

目標として設定したのは、アクシデントがない限り、毎日８名全員に18時定時退社を徹底するという内容でした。

全員１００時間残業している状態で、この目標は少々厳しいのではないかと思いましたが、

「私の部隊の仕事は、基本的に全員が社内で仕事を進めています。毎日直接マネジメントできるので、この目標で大丈夫」

というのがＢ課長の見立てでした。

行動ルールは、次のように設定しました。

「毎日12時までに、当日残したタスクを書き出し、Ｂ課長のチェックを受ける」

介入のリマインド型ルールは、毎朝タスクの書き込みを行なうことを朝礼で確認。

アフター確認は、13〜15時の間に１人10分の面談時間を持って、タスクの書き出しができているかの確認と、今日残業につながりそうな仕事の進め方の指示と明日に回せるものは明日に回す指示を行ない、17時に再度今日帰れるかどうかのチェックをするよう仕事の手順を指導しました。

課長の仮説では、「明日でも構わない仕事を今日進めようとする」ことや、「期限ぎりぎりのやりとりを続けている」ことなど、仕事の進め方に対して徹底的にOK、NGを出しました。

初めの1週間程度は、毎日言っても改善しない人がほとんどでしたが、それでも毎日愚直にやり続けた結果、2週間を過ぎたころから、18時には終了するように仕事を進められるようになり、18時に終われないような仕事を抱えた場合には、B課長に相談に来るようになったそうです。

17時のアフター介入も繰り返し行なっているため、部下にも18時までに終わらなければならないと認識されつつあることも、実践の途中で実感されたそうです。

そして、3週間を過ぎたころには、ほとんどの人が、イレギュラーを除いて18時には退社できるようになっていったということです。

まわりのメンバーが退社できるようになっていくと、残っている人はむしろ気まずい状態になり、特に要注意とされていたメンバーも、そのころには19時ぐらいには帰るようになりました。

そして、4週間が経過するころには、全員が定時の18時に帰ることができるようになりました。

B課長は次のように振り返ります。

「山北先生の言うとおりに毎日やったら、本当に残業をゼロにすることができました。日に日に成果が見えるため、うれしくなって私自身が楽しみながら実行できました。やってみてよくわかったことは、全員がそれぞれのやり方で自由に仕事を進めており、時間短縮しようという意識がまったくなかったことが、今回とことん介入することで見えてきました。

お恥ずかしい話、普通に考えれば当たり前にやらなければならないことや判断しなければならないことができておらず、それが問題だということをいっさい認識していませんでした。そのぶん、やり方を指導すればどんどん改善されていきました。

優秀なメンバーなのですが、今までまったく介入することなく自由にさせてきたことで、成果の出ない行動が当たり前になっていることがとてもよくわかりました」

さて、このような大きな成果を出すことができたB課長ですが、強いマネジメントを打ち出すような、厳しいタイプの上司ではありません。どちらかと言うと、物静かでやさしいタイプのマネージャーです。

マネジメントやリーダーシップには、強い表現力が必要と考える人が多いようですが、そんなものは必要ないことをB課長は証明しています。

ただ、淡々と部下に寄り添い、毎日必要な行動をとらせる介入を続ける、その行動が組織の大きな行動改革を生み出しました。

最終的には、B課長は研修が終了するまでの半年間8人の部下の残業ゼロを継続させました。

そして、それだけではなく、急に残業がなくなったB課長の部隊を見て、他の課のメンバーもその取り組みを取り入れることになり、計30名の部全体で残業がなくなるというところまで業務改善が進んだということでした。

マネージャーが部下の行動に正しく介入して行動を変えることができると、大きな成果につながることがよくわかる事例です。

広告代理店営業組織の新規開拓プロジェクトが成功——「壁マネジメント」活用成功事例②

次に紹介するのは、壁マネジメントを活用して、新規開拓で大きな成果を得ることに成功した事例です。

この会社は広告代理店で、総勢10名の営業部隊です。

取り扱う広告の範囲は多岐にわたり、さまざまな媒体を販売して収入を得ていました。

ただ、収益のベースは過去に契約した継続契約が多く、継続客からの収益に頼った体制が長く続いていたため、新規開拓の活動が疎かになっていました。

しかし、継続客の契約解除は必ず発生します。それを補い、さらに売り上げを拡大することが求められていました。

営業メンバーには新規開拓が要求されていましたが、メンバーのほとんどが新規開拓を行なっていませんでした。

そこで毎週50社の顧客に対して、電話でアポイント取得を行なうことをルール化しました。

また、アポイントの成功確率を上げるために、電話先を毎週40件リストアップすることもルール化しました。

リストアップする対象は、必ず広告媒体を利用している先をピックアップすることを条件として行動ルールを設定していたので、マネージャーは部下から上がってくるリストが正しい条件でリストアップできているかどうかをすべて確認する介入を行ないました。

テレアポの活動に関しては、毎週2〜3回、営業全員が同じ時間に集まることを決め、全員が2時間、新規のアポイント活動を行なうことをルール化しました。

マネージャーは、メンバー全員のテレアポ活動ができているかどうかの介入を行ないました。

また、アポイントのトークスクリプトも事前に作成し、そのトークスクリプトどおりに電話することもルールとして設定しました。

◎リストアップのルール。
◎全員が決められた時間に徹底して電話をかける集中電話のルール。
◎アポイント獲得率を高めるためのトークスクリプトの活用のルール。

マネージャーの介入によって成果につながる行動をやりきった結果、短期間で数多くの顧客との面談が実現しました。

その数は2カ月で５００件。その後も毎月50～１００件の新しい顧客との面談を実行し続けることができています。

それだけの量の新規ターゲット先を開発できたため、新規の顧客からの注文が大幅に増え、既存の継続客の削減金額を大幅に超える売り上げを、新規顧客から獲得することができるようになりました。

一過性で活動したのではなく、今でも継続的に行動ルールを守って行なっているため、新規顧客からの収入は増え続け、当期の目標予算達成だけでなく、毎年安定して売り上げ拡大を続けられる営業組織へと変化していきました。

今でも行動を継続できている要因は、マネージャーが、「リストアップ」と「全員でアポイント活動する」ルールについては、絶対にブレずに介入して行動させていることです。

また、ビジネスの特性から、「新規顧客の獲得のためのアポイントの行動が、最終成果につながる中間成果だ」との仮説を立て、早い段階で設定した行動が最終成果につながったことも、この組織の成功の要因と言えるでしょう。

学生の英語習得を短期間で実現

――「壁マネジメント」活用成功事例③

この事例は、壁マネジメントを使って、学生の英語教育で成果を出した事例です。

今回の壁マネジメント実践者は、部下を持つマネージャーではありません。学生の留学をサポートする仕事をしています。

彼の仕事のミッションは、アメリカの大学への野球留学を希望する学生に対して、受け入れ先の大学を紹介し、入学させて、野球を中心とした留学生活をサポートするというものです。

留学対象は高校生。強豪校での野球生活を終えた後、プロにはなれなかった学生にアメリカで再起をかけてチャレンジさせるという、とても夢のある仕事です。

野球の実力はアメリカの大学に入るには申し分ない学生ばかりですが、入学にはどうしてもクリアしなければならない課題がありました。

それは、「ＴＯＥＦＬで一定の点数をとること」という条件でした。

希望者の多くは、人生を野球にかけてきた学生が多く、休みは年間で１〜２日。まさに野球漬けの人生を送ってきた人たちばかりです。当然、まともに英語の勉強をしてこなかった人が大半を占めています。

しかも、希望者は夏の大会を終えてから応募してくるため、実際の期間は早くて８月、遅い人は９月からしか勉強をスタートすることができません。

そして、期限は高校を卒業する３月までという、とても短い期間で結果を出さなければならない、非常に過酷な挑戦となります。

しかも学生たちは、全国バラバラに住んでいるため、直接会ってコミュニケーションをとることができません。そのため連絡の手段はスカイプとＬＩＮＥ、そして電話しかありませんでした。

そのような状態で、彼は壁マネジメントを実践して、学生の英語教育で成果を生み出したのです。

まず、10人の対象者に対して、

「1日必ず2時間、英語の問題を解く」

という行動ルールを設定しました。

勉強に慣れていない学生が多いので、相当な反発がありつつも、とにかく実行させることにしました。

毎日テキストを使って学習したかどうかについて、介入することをスタートさせました。

対象者10人全員でLINEグループをつくり、毎日朝8時までに前日行なった英語テキストの写真と、実行終了宣言のメッセージをグループに送ることをルール化しました。そして、送られてきた写真に対して、毎日必ずフェイスブックで「好子」「嫌子」のメッセージを送るということを繰り返しました。

当然送ってこない学生もいるので、その生徒にはメッセージや電話で「嫌子」となるフィードバックを繰り返します。そして、しっかりテキストの写真を送ってきた人には「好子」を発生させるフィードバックを行ないました。

学生たちは、初めは提出したりしなかったりと、あいまいな行動を繰り返していたのですが、彼が毎日漏れることなく写真とメッセージに対してフィードバックするにつれて、全員が毎日英語テキストの写真を提出するようになりました。

全体の行動が定着してきたのに合わせて、毎日の勉強時間を3時間に増やす行動ルールを実施しました。

当然ながら、時間が増えると、また提出できなくなる学生が出てきました。

しかし、その際には、学生の親に連絡し、親からも「好子」「嫌子」のフィードバックを出してもらうよう、介入を工夫することによって対応しました。

その結果、毎日3時間の勉強をすることも行動させ続けることができるようになりました。

年末年始の休みの際にも、問題は発生しました。

それまで練習、練習の日々を送っていたため、人生でほとんど経験したことのない大型連休に気が抜けてしまう人もいたようです。

しかし、そのときにも「嫌子」のフィードバックをし続けて、学習し続ける行動をさせました。その結果、期限の2カ月前の段階で、8人の学生を必要点数に導くことができたのです。

その成績はとても優秀で、1年前はその時点では到達者ゼロだったというのですから驚きです。

彼は、

「壁マネジメントを実践しなれば、学生にここまでの成果を出させることはできませんでした。来年も再来年もこのやり方で、学生の英語指導を行なっていきます」

と感謝していました。

この事例の「壁マネジメント」のすごいところは、上司と部下の関係ではないという点です。

学生は、彼の言うことを聞く必要がありません。当然、留学支援の担当者という肩書きはありますが、嫌になれば、行動を守らなくてもいいわけです。

そのような関係にもかかわらず、相手に行動ルールを継続させることができました。

なぜ彼が学生たちを動かすことができたのか？

それは、彼の毎日の徹底した介入とフィードバックがあったからです。

この事例を見ると、「壁マネジメント」が部下と上司ではない関係の中でも成果をつくり出すことができることがわかります。

工場の生産性が大きく向上――「壁マネジメント」活用成功事例④

この会社は、建設機材を製造するメーカーです。

昔から生産性向上を推進するためのプロジェクトが何度も立ち上がっては消えていました。毎回取り組みが長く続かず、成果に結びつかない状態が続いていたのです。

製造専門のコンサルティング会社を導入し、改革を進めたこともありましたが、そのときの取り組みもうまくいかなかったという話でした。

私はこの会社の営業部門の指導を以前から任されていたのですが、責任者から「今度は工場の改革のコンサルティングをしてくれないか」という依頼をいただきました。

私は、「営業が専門なので、技術的な部分はいっさいわからないですし、生産性の向上など、専門的な部分にかかわってても理解できないですが……」とお伝えしましたが、「技術的なことはわからなくてもいい。何をやらなければならないかメンバーは理解しているはずだが、いつも進めることができない。必要なのは技術ではなく、行動をやりきることです。だから山北さんに依頼するのです」と言われました。

こうして、工場のメンバーに対する研修と行動改革による生産性向上の支援を行なうことになりました。

とは言っても、私には、何から改善をスタートすればいいかがわかりません。そこでまずは工場のメンバー全員を集め、全体に目標達成するためのマインドセットのワークを行ない、その後、集まった約50人のメンバーを9つのチームに分けました。

そして、チーム内で、コスト削減、作業時間短縮、品質向上、工数削減など、生産性向上につながるテーマをとにかくブレストによって意見を出してもらい、その中から取り組むことで、改善効果が高いと思われる2つのテーマを選び出してもらいました。

出してもらった2つのテーマについて、改善の取り組みのスタートと期限を決め、チームでその取り組みを進めるためのタスクを細かく書き出し、それぞれのタスクを実行する担当者を決めました。

自分たちで考えた生産性向上の取り組みを、チームのプロジェクトとして設定したのです。

やるべき行動が決まれば、あとは壁マネジメントの導入です。

9つのチームが2つずつ設定している行動計画のタスクですから、膨大な量があります。

その管理を毎日チーム内のメンバーと管理部の担当者で確認します。

「今日このタスクの期限になっているけれど、担当の○○さん、今日中に終わりますか？」

といった具合で、プロジェクトのタスクが漏れないように相互確認される介入ルールを設定しました。

そして、毎週1回チーム内でプロジェクトごとのミーティング（累積の介入）を行なうことも設定し、チーム内のタスクが遅れないよう、必ず確認することをルール化しました。

初めは、タスク期限が過ぎていても、タスクの担当者が記載をしないなどのミスや、タスクの遅延が発生していました。

しかし、毎日介入されるようになったことで、期限どおりに実行されるようになりました。

さらに、各チームが持っているプロジェクトに関しては、管理部で進捗とリスク、期限短縮の可能性が常に管理され、問題がある場合には、すぐにプロジェクト責任者に連絡が入り、計画修正の指示に入るよう、介入の仕組みを設計しました。

そうすることで、プロジェクト推進のクオリティも担保されるようになり、当初の予定より早く、そして、大きな成果が出るようになりました。

今までは、何かに取り組んでも途中でストップすることばかりで続けられた試しがなかったようですが、どんどん成果につながる状態を見て、工場長は、

「こんなことは、この工場で初めて見たかもしれない。私たちはもう変わることができないとあきらめてしまっていたが、やり方次第で新しい行動を始めることはできるし、その行動を継続することもできることに気がついた」

とうれしそうに話してくれました。

9つのチームがプロジェクトをどんどん前に進めて成功させていった結果、この工

場の生産性が大きく向上。さらにこの工場では、プロジェクトをつくり、タスク管理をし続け、介入し続ける行動ルールを基本行動として継続することができるようになりました。

壁マネジメントを使うことで、複数の人数で運用するプロジェクトの推進を管理し、前に進めることができることがわかる事例です。

新入社員の教育に壁マネジメントを取り入れ、退職率ゼロを実現――「壁マネジメント」活用成功事例⑤

独自のアプリケーションを開発するシステム会社で、ＷＥＢマーケティングの成長に合わせて、ここ数年で大きく成長した会社です。

システム開発にかかわるプログラマー社員の増員計画に合わせて、毎年30名の新卒社員を採用していました。

しかし、採用した若い人材の定着率が低く、退職率の向上は大きな問題になっていました。

壁マネジメントの研修を受講するマネージャーは、新入社員を指導するトレーナーで、彼らにシステム開発に必要な知識を提供するのがミッションとなっていました。

この会社では、入社2カ月目までは新入社員の研修指導期間となっており、その後それぞれの部署に配属されるのですが、それぞれのセクションに配属されてから半年の間に退職する確率が高いことがわかっていました。

仕事に慣れていない新入社員は、先輩社員と比べて仕事を進めるスピードが遅く、若い人ほど遅くまで会社に残って仕事をしている傾向が見受けられました。

その状態を見かねたマネージャーは、週に1回、新入社員を集めて仕事の進め方についてのレクチャーを行なうようになりました。

しかし、レクチャーを続けていても、なかなか業務改善を進めることができません。その状況に危機感を持ったマネージャーは、部下の行動を変える壁マネジメントの研修に参加することを決めました。

話を聞いてみると、新入社員たちがどんな業務につまずいているかがわからなかったことが判明。そこで、時間管理シートを作成し、記入することを新入社員にルール化しました。

シートを記入する行動についてはすぐに定着し、全員の業務管理シートのデータが集まってきました。

すると、それぞれの新入社員が仕事を進める上で、どこで時間がかかっているかがわかるようになりました。

このマネージャーは、その会社のシステム開発に関してはプロです。

それぞれの新入社員がつまずいている部分に合わせてどういう知識を得てスキルアップしなければならないかの答えを出すことは、さほど難しいことではありませんでした。

そして、マネージャーは、必要な部分のスキルアップをするための行動を、それぞれの新入社員に対してルール化し、その行動に介入してやりきらせました。

教育を一つひとつ進めていくことで、長時間残業から解放される新入社員が出てきました。半年後には新入社員は、マネージャーの介入から卒業することができました。

当然ながら、新入社員たちは以前と比べて業務上でつまずくことは少なくなりました。

その結果、指導したメンバーは1年経過した後も、退職することなく仕事を続けることができていました。

この会社では当初、新入社員の1年後の定着率は50％ぐらいしかなかったので、退職者ゼロを生み出したこの手法は社内でも大きく取り上げられ、毎年同じ指導を行なうことが会社のルールになりました。

スタッフの行動を変え、店舗の売り上げを拡大

――「壁マネジメント」活用成功事例⑥

この会社は、高級な装飾品を店舗で販売する企業です。

壁マネジメントで成果を出したのは、テナントに入っている店舗の店長です。

この店は、テナントに入ったときから繁盛店で、常に来客数が多く、土日などは整理券を出してお客様に順番に入ってもらうようなときもありました。

しかし、ショッピングモールの集客が下がり始めると、人気店だったこの店も、以

前と比べてお客様が格段に少なくなってきていました。

来店数の減少に直結して、売り上げも大きく下がりました。

この状態で何をやったらいいかがわからず、店長が壁マネジメントの研修を受講することになりました。

店長には「やれることはすべてやりましょう」と伝え、店舗内でできそうな行動をピックアップしてもらいました。

◎声かけ
◎チラシ配布
◎名刺配布
◎過去客への電話案内

やろうと思えば、行動は発想できます。

そして、実際の行動を計画し、店舗スタッフに詳しく説明しました。

すると、スタッフたちから予想もしない答えが返ってきたのです。

「私たちは、その活動をするつもりはありません」

せっかく行動のプランを作成しても、メンバーが実践しなければ、まったく意味がありません。

どうしたらいいか困っている店長に対して、私は、

「これまで、いい環境で仕事をしてきたため、お客様に対して能動的に販売活動をしたことがないだけです。やりたくないだけでやろうと思えばできる行動ですから、全員に店長命令のルールとして実行させてください。このお店で働く人は、必ずやらなければならない当たり前の行動です」

と指示を出しました。

店長は、「ありがとうございます。必ず行動させてきます」と言って店舗に戻り、行動ルールを店舗のメンバーに設定しました。

翌週になり、行動結果のスコアリングシートを見ると、全員半分ぐらいしか行動できていない状態でした。

あまりにもひどい状態だったため、

「いったいどうなっているのですか?」

と聞くと、

「私が指示したときにはしぶしぶやるのですが、わたしがいないと、まったくやっていないようです。これでは店舗から離れることができません」

そこで、店長に改めて打つ手をお伝えしました。

「このようなケースの場合には、望ましい行動を習慣化させるまで取り入れさせる必要があります。その際には、『やらなくてもいい』という状態を絶対に経験させてはいけません。

メンバーの行動を本気で変えたいなら、しばらくは本部集会や会議にも出ず、とにかく売り場でスタッフに張り付いて、成果の出る望ましい行動をメンバーにとり続けさせる必要があります。

望ましい行動がとれたら、褒めて、望ましい行動をとらない場合には冷静に注意して叱ってください。

そして一番重要なことは、『行動ルールを守らなくてもＯＫ』という状態をつくらないことです。そのためにも、あなたはメンバーの接客の後ろに張り付いて、やるべき行動をとり続けさせてください」

この状態で初めて、店長はメンバーの行動に徹底的に介入しました。

すると、部下の行動はどんどん変わっていったのです。

最初はお客様に話しかけることも嫌がっていた部下が、今では誰よりも先に話しかけるようになったのです。

今までまったく能動的な接客を行なってこなかったメンバー全員が、能動的に行動するようになったため、売り上げが回復したことは言うまでもありません。

できない理由のないことに対して、できるようになるまで介入を行なった好事例です。

【著者プロフィール】
山北陽平（やまきた・ようへい）
(株)アタックス・セールス・アソシエイツ、コンサルタント。NLPマスタープラクティショナー。営業のコンサルタントとして企業のコンサルティングに従事。現在はNTTドコモ、パナソニックグループ、朝日新聞社などの大企業から中小企業まで、多くの企業に「行動分析学」を基にした行動改革指導を実施。その指導は年間200日、1000時間を超え、指導対象ビジネスパーソンは年に3000人にのぼる。さまざまな組織の行動変革を実現するコンサルティングを展開。リピートオーダーが絶えず、現在、5年後のスケジュールまで埋まっている。机上の空論ではなく、現場の中でつくり出した「壁マネジメント」のノウハウは、受講者の9割が設定した問題を解決するという圧倒的な成果を出しており、同社のプログラムでNO1の人気を誇る。とことん結果にこだわった指導スタイルは、多くの経営者、マネジャーから絶大な評価を得ている。

結果を出すリーダーほど動かない

2017年 9月19日　初版発行
2017年10月22日　5版発行

著　者　山北陽平
発行者　太田　宏
発行所　フォレスト出版株式会社
〒162-0824 東京都新宿区揚場町2-18　白宝ビル5F
電話　03-5229-5750（営業）
03-5229-5757（編集）
URL　http://www.forestpub.co.jp

印刷・製本　中央精版印刷株式会社

ISBN978-4-89451-772-1　Printed in Japan
乱丁・落丁本はお取り替えいたします。